JN116560

シンプルに作って楽しく使える
暮らしの小物とバッグ

かわいい
パッチワークと
キルト

CONTENTS
もくじ

パッチワーク・キルトを
始めよう

パッチワーク・キルトを始めませんか。
かわいくて、無限のおもしろさと広がりがあってはまってしまいます。

もともとはヨーロッパで美しく縫われていて、アメリカに渡って発展した、
歴史についてのお話もたくさんある伝統的な手芸です。
着なくなった服を布として再利用したり小さなはぎれでも作れるので、
無駄にせずに使ってかわいいものを作るというパッチワーク・キルトの基本的な考えは
これからの時代にあっているとも言えます。

しかしまずはかわいいものが好き、布が好き、誰かに作ってあげたい、
布を縫い合わせる楽しさ、そんな本質的でシンプルなところから始めてみませんか。

パッチワークって

布を縫い合わせることをパッチワークと言います。
四角形でも三角形でも、どんな形でもかまいません。自分で模様や布自
体を作る感覚です。四角形や三角形をつないでできた形の中には、パッ
チワークパターン、キルトブロックと言われる伝統的な形もあります。
先人が考えて作り続けて伝えられてきたその形には、かわいいものがた
くさんあり、パターンごとに名前がついています。ちょっと変わったも
のも多いので知ればますますおもしろくなります。伝統的なパターンで
作っても、自分で好きに縫い合わせても、どちらもパッチワークです。
四角形や三角形にカットした最小単位の布をピース、ピースとピースを
縫い合わせて（ピーシング）大まかにまとめたものをユニット、ユニット
をデザイン的にまとめたものをパターンやブロックと言います。

パターン、ブロック

トップ　　キルト綿　　裏打ち布

ピース ………………

………… ユニット

キルトって

表の布（トップ）と裏の布（裏打ち布）
の間にシート状の綿（キルト綿）をは
さんで、3枚を一緒にステッチ（キル
ティング）したものをキルトと言いま
す。ふわふわとして厚みがあり、平面
のまま使えばベッドカバーやマット
に、バッグやポーチとして仕立てても
かわいくなります。
平面のキルトの周囲に額縁のようにつ
いている布はボーダー、周囲の縫い代
を帯状の布でくるんで始末すること
パイピングと言います。

パッチワーク・キルトには教室もあり、そこで本格
的に習うこともできます。
6ページと54ページに基本の作り方、56ページに
三角形を例にしたパターンの話を掲載しています。
この本では細かいことは気にせずに、パッチワー
ク・キルト本来の自由に布で作ることを楽しんでも
らえたらと思います。

縫い始める前に

まず道具と材料を用意します。普段使っているものでかまいませんが、パッチワーク・キルト用として売られているものもあります。

必要な道具と材料

必要最低限、これだけあれば作れるという道具と材料です。写真の道具のほかにアイロンとアイロン台も用意しておきます。針と糸と布があれば、まずは気軽に始めてください。

針、まち針、ピンクッション／目的に合わせた専用の針があります。もしくはメリケン針の8〜9号か絹針の四ノ一〜四ノ三の中から、アップリケは細くてやや長い針、キルティングは細くて短いものを選んでも。しつけは長めのくけ針、まち針は頭の小さいタイプがじゃまにならずにおすすめです。

糸／専用の糸がありますが、カタン糸の40〜60番ならOKです。キルティングはロウ引き加工された糸が定番ですが、ピーシングと同じ糸でもかまいません。しつけ糸はかせタイプと糸巻きタイプがあります。

厚紙やプラスチックシート／型紙を作ります。何度も使えて丈夫なものなら厚紙でもプラスチックシートでもかまいません。7ページは専用のパターンシートを使っています。

印つけペン／Bか2Bの鉛筆かシャープペンシルが一般的です。濃い色の布には白の印つけペン、水やアイロンで印が消えるペンなど用途に合わせて選んでください。

キルト綿／厚手、薄手といろいろなタイプがあるので、作るものや好みで選びます。密度のしっかりしたものがおすすめです。

はさみ／裁ちばさみ、糸切りばさみ、布以外の紙などを切るはさみを使い分けます。布を切るはさみで紙を切ると、布の切れ味が悪くなるので注意を。

布／表側になるトップには好きな布をメインに、定番の無地やチェック、ストライプなどがあると便利です。裏になる裏打ち布は、目の詰まっていない針通りのよいものが縫いやすいです。

定規／正確に測れればどんな定規でもかまいません。方眼や角度のガイドラインが入っている専用の定規もあります。0.7cmの目盛があると縫い代をつけるときに便利なのでおすすめです。

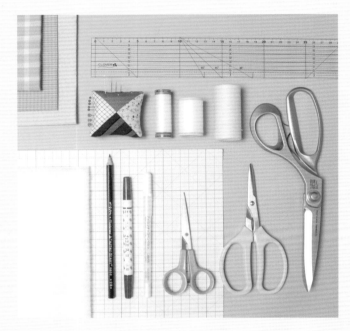

あると便利な道具と材料

なくても作れるけれど、あると便利で使いこなすと作品作りが楽になる道具です。

カッターマット、定規、ロータリーカッター／布を長い距離やまとめてカットしたいときに便利なロータリーカッター。真っ直ぐにすっとカットできます。切れ味のよい歯で手を切らないように、必ずカッターマットと厚みのある定規を使ってください。

いろいろな糸／主にキルティングに使う糸です。専用の糸以外に、刺繍糸や家庭糸、光沢のある絹糸、ラメ糸などでキルティングしてもかわいくできます。少し縫いにくい場合もあるかもしれませんが、作品に合わせて自由に選んでください。

フープとウエイト／キルティングのときに使います。少したるみをもたせてキルトをフープにはり、枠の中でキルティングをします。特に大きな作品を作るときには便利です。ウエイトは50cmまでの作品をキルティングするときに、布の端を押さえて固定すると縫いやすいです。

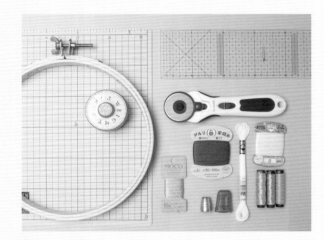

シンブル／キルティングに使います。針を持つ利き手にはめるのは針の頭を押す用、反対側の手にはめるのは針を受けて布を押す用です。慣れて使いこなすまでに時間がかかりますが、キルティングが楽になります。シンブルには革、金属など素材も形もさまざまなタイプがあるので試してみてください。

1. 型紙作りから布をカット

早く縫いたい場合、少し面倒に感じてしまうかもしれませんが作品作りの第一歩です。

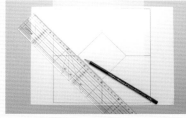

1 実物大型紙を用意し、上にパターンシートを重ねて線の通りに写します。厚紙を使う場合は、型紙を厚紙にはるか、厚紙に直接描きます。

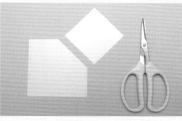

2 はさみでパーツごとに印通りにカットします。必ず紙切り用のはさみを使います。

3 布の裏に型紙をのせ、印をつけます。周囲をぐるりとなぞってもいいですが、角に点をつけて点と点を定規で結ぶと正確です。

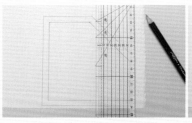

4 型紙をはずして0.7cmの縫い代の印をつけます。0.7cmの目盛りのあるパッチワーク定規を使うと簡単です。

5 布用のはさみで縫い代の印通りにカットします。

6 必要枚数のピースを同様にして作ります。ボウタイのパターンは、ピース5枚でできます。

2. 布（ピース）同士を縫い合わせる（ピーシング）

布を縫い合わせて形にしていきます。ミシンで縫ってもかまいませんが、
パターンによってはこれから紹介するはめ込み縫いという部分があったりするので、手縫いの方が簡単な場合もあります。

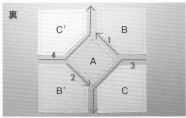

7 ボウタイのパターンは、まず黄色の中心Aに対角線上のB2枚を縫い合わせ、次に反対側の対角線上のC2枚をはめ込むように縫い合わせます。

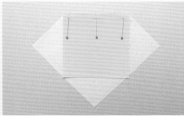

8 AとBと中表に合わせ、印を合わせてまち針でとめます。両端の角、中心、大きなピースの場合はその間の順にとめます。

9 ピーシング針に糸を通して玉結び（8ページ）をします。角の印に針を入れ、ひと針返し縫いをします。返し縫いをすることでほつれ止めになります。

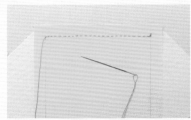

10 印の上を角の印までぐし縫いで縫います。針目が大きすぎると縫い目が開いたり、キルト綿が出やすくなったりするので注意を。

11 端まで縫ったら縫い目を指でしごいて縮みを伸ばします。バイヤス地の場合は布が伸びやすいのでそっと縮みを伸ばしてください。

12 返し縫いをしてから玉止めをします。これで印から印まで縫えました。2枚の縫い代が揃っていないときは切り揃えたほうがきれいに見えます。

表　裏　表

表

13 布を開いて縫い代を片方に倒し（片倒し）、縫い目のきわにアイロンをかけてクセをつけます。

14 もう1枚のB'も同様に印から印まで縫い合わせます。

15 次にCのピースを縫い合わせます。Cの辺をB→A→B'の辺の順に縫い合わせていきます。まず隣あうBとCの辺を中表に合わせてまち針でとめます。

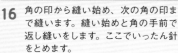

返し縫い

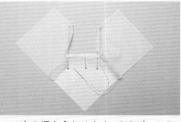
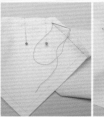

16 角の印から縫い始め、次の角の印まで縫います。縫い始めと角の手前で返し縫いをします。ここでいったん針をとめます。

17 次の辺を合わせます。Cのピースの向きを変えてAの辺と中表に合わせ、まち針でとめます。パターンの形が見えてきました。

18 続きから縫い始めます。同じCの角に針を入れ、Bの布をすくわないようにAの角に針を出します。

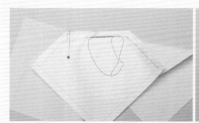
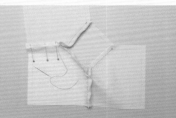

裏

19 ひと針返し縫いをして、次の角の印まで縫い進めます。角まで縫えたら、同様に返し縫いをして針をとめます。

20 最後の辺も同様です。Cのピースの向きを変えてB'の辺と中表に合わせ、まち針でとめます。針を角に入れて返し縫いをして印まで縫います。

21 C'のピースも同様に縫い合わせれば完成です。縫い代は片倒しにして3枚が重なる部分は風車のように開きます。印で縫い止めるとこのように風車に開くことができます。

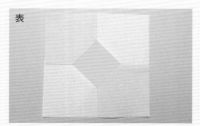

表

22 ボウタイのパターンができました。このようにして必要枚数を縫います。ここでは4枚合わせたキルトにするので、あと3枚縫います。

縫い方point

上の手順では印から印まで縫う方法を解説しました。ほかにも布端から布端まで縫う方法があります。角の印より2針外側まで縫います。これははめ込み縫いをしないパターン、縫い代を風車状に倒さない場合、例えば四角形を真っ直ぐ縫うときなどに使います。

玉結びのしかたは

簡単できれいな結びができる方法です。針に糸を通し、長い方の端を針先に2〜3回巻きつけます。巻きつけた部分を指ではさんで押さえ、針を上に引き抜きます。最後まで引っ張ったら、糸端に小さな玉結びができます。

3 ステッチ（キルティング）をする

縫い合わせた布（トップ）と裏布（裏打ち布）の間にキルト綿をはさみ、3枚を一緒にステッチ（キルティング）します。
3枚がずれないようにするだけでなく、ふんわりぽこぽことした立体感が出て手触りがよくなるのも特徴です。

23 ボウタイのパターンを4枚縫い合わせました。これをトップと言います。

24 裏打ち布とキルト綿をトップよりも大きくカットします。裏打ち布（裏を上）、キルト綿、トップの順に重ねて3枚をなじませるように手でおさえてならします。

25 要所要所をまち針でとめ、しつけをかけます。まず中心から上下左右に十字に、次に角に向かって放射状とその間に、最後に周囲にぐるりとかけます。

26 まち針をはずし、好みのキルティングラインを描きます。直線の場合は定規を当てて消えるペンなどで描きます。トップができた段階で描いてもかまいません。

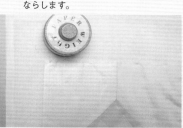

27 キルティングをします。ここではサイズが小さいので、フープにはらずに端をウエイトで押さえて固定します。もちろん何もせずにキルティングを始めてもOK。

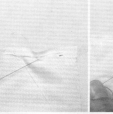

28 キルティングは中心から始めるのが基本ですが、小さいものは端からでもかまいません。1〜2cm離れたところに針を入れて刺し始め位置に針を出し、糸を引っ張って玉結びをキルト綿の中に引き入れます。

29 最初はひと針返し縫いをします。両手の中指にシンブルをはめ、利き手と反対の手をキルトの下に入れてシンブルでキルトを持ち上げ、そこに針を垂直に刺してすくいます。3、4針続けて縫ったら糸を抜きます。

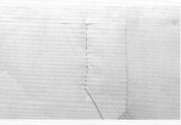

30 キルティングは細かさよりも針目の大きさが揃っていることを心がけます。縫い縮んだ場合を考えて、出来上がりの1cm外側まで縫っておきます。

31 キルティングができたらしつけをはずします。ピースの接ぎ目のきわ（0.1cm離れたあたり）に刺すことを落としキルティングと言います。

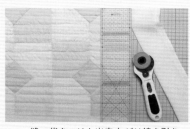

32 縫い代をつけた出来上がり線を引き、カットします。縫い代のラインも一緒に引いておいてもかまいません。これでキルトができました。タペストリーにする場合は周囲をパイピング（54ページ）、小物などに仕立てる場合はできたパーツを縫い合わせます。

パッチワークキルトのおもしろさ

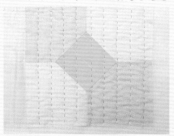

左はザクザクとしたキルティング例。細かい針目で目立たないように縫ったものも、刺し子のような大きな針目のステッチもどちらもよさがあります。作りたい作品のイメージに合わせてください。右はボウタイのパターンの向きを変えて4枚を縫い合わせた例。向きを変えると新しい模様が見えてきて、印象が変わります。

QUILT PEACE

キルトピース

パッチワークのクッションやベビーキルト
などを作る途中で生まれた、はぎれを組み
合わせて作るキルトピース。鍋つかみとし
て使ったり、絵のように飾ったり。

Design & Making ▶ mornquilt
How to make ▶ 68page

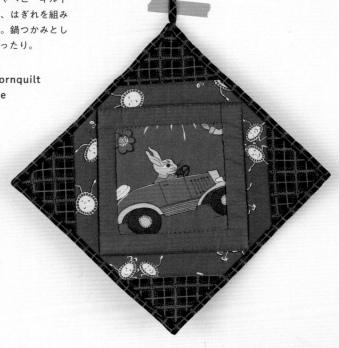

POTHOLDER

鍋つかみ

キッチンで活躍するのはもちろん、
飾っているだけでもかわいい、猫や
魚、いろいろな形をした鍋つかみ。
裏地にはウール素材を使って厚めに。
実用性も兼ね備えました。

Design & Making ▶ 松本祥子
How to make ▶ 65page

COASTER

コースター

目で見て楽しめる、カラーリネンのコース
ター。「スノーボール」、「としよりのカラ
ス」、「イブニングスター」、「モンキーレン
チ」という伝統的なパターン。シンプルな
パターンなのでサイズが小さくても縫いや
すいです。

Design & Making ▶ 松本祥子
How to make ▶ 73page

13

CUSHION クッション

サイズダウンした子どもの服や母から譲り
受けた服などを使って思い出のたくさん詰
まったクッションに。お気に入りのかわい
いテキスタイルをキルトに生まれ変わらせ
ればいつも身近に置いておけます。

左から2つ目と右から2つ目、左端と左か
ら3つ目と右から3つ目はそれぞれ同じ
パターンです。向きや色を変えるだけで、
まったく違う模様に見えるのもパッチワー
クのおもしろさ。

Design & Making ▶ mornquilt
How to make ▶ 70page

自分では着ることはできなくても、テキスタイルが気に入ったワンピースなどの古着は、布としていつかキルトに使おうとストック。海外のお土産としてもらったスカートにも、思い切ってはさみを入れて。

山のクッション

パッチワークとアップリケで山の景色を描いた、絵のように飾りたいクッション。澄みきった空にはギンガムチェック柄、雪山にはコーデュロイを使いました。

Design & Making ▶ 松本祥子
How to make ▶ 75page

七宝つなぎの
キルティングクッション

三角形をつないだシンプルなパッチワーク
に、「七宝つなぎ」のキルティングで輪を描
いたクッション。和にも洋のインテリアに
も合います。

Design & Making ▶ 松本祥子
How to make ▶ 74page

ミニクッション

丸太小屋をイメージした「ログキャビン」
のパターンを横に2つ並べた小さめ長方
形のクッション。ベースにピンクを使い、
かわいらしい雰囲気に。

Design & Making ▶ 松本祥子
How to make ▶ 78page

STUFFED ANIMAL

猫のぬいぐるみ

三角形をつないだ「としよりのカラス」のパターンをつないで、猫の形にカットした存在感のあるぬいぐるみ。キルティングはざっくりと施し、猫の顔やしっぽは刺繍で表現しました。

Design & Making ▶ 松本祥子
How to make ▶ 79page

パターンのぬいぐるみ

型紙を使わずに、正方形と三角形だけを組み合わせて形を作る、小ぶりな猫と犬のぬいぐるみ。形のままに綿を詰めて、縫いとじるだけのシンプルな作りに。

Design & Making ▶ Sankaku Quilt
How to make ▶ 82page

カードケース

ウール、カディコットン、コーデュロイな
ど、さまざまな布を使ったカードケース。キ
ルティングはすべて違うものを入れました。
模様に合わせたり、フレンチノットを施した
り、いろいろな糸を使って楽しんで。

Design & Making ▶ Sankaku Quilt
How to make ▶ 83page

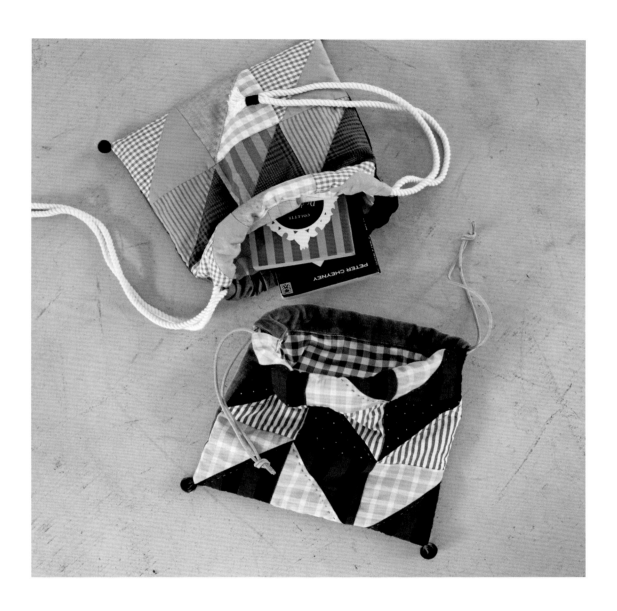

巾着バッグ

三角形を組み合わせた、大人もすてきに持てる巾着バッグ。ぎゅっと絞っても、ゆるく絞ってショルダーバッグにしても。端につけた小さなポンポンがポイントになります。

Design & Making ▶ Sankaku Quilt
How to make ▶ 84page

ポシェット

インドのバンジャーラ族のバッグからヒント を得たポシェット。大きめに作ったキルトトップに裏布をつけ、畳んで縫うだけの簡単な仕立て。見た目以上にたっぷり収納できる、ユニークなバッグです。

Design & Making ▶ Sankaku Quilt
How to make ▶ 86page

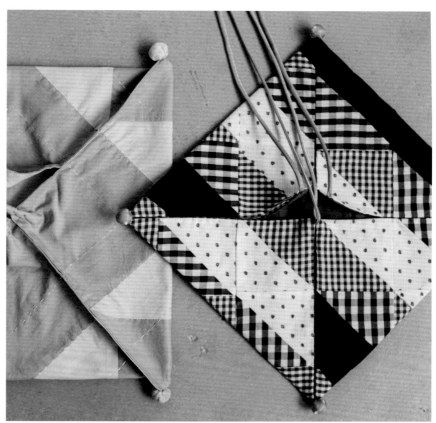

クラッチ＆オーガンジーバッグ

パッチワークのクラッチバッグと透け感のあるオーガンジーバッグの組み合わせ。それぞれ単体でも使えるバッグですが、クラッチバッグを中に入れることでスマートにコーディネートできます。荷物が増えたときはクラッチバッグを取り出して、オーガンジーバッグをエコバッグとして使っても。

Design & Making ▶ Sankaku Quilt
How to make ▶ 88page

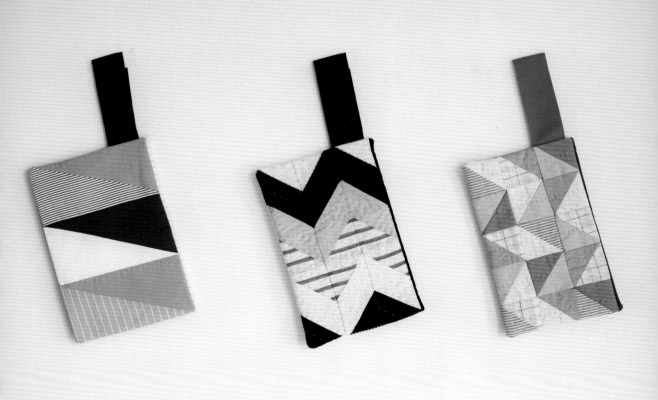

リメイクエコバッグ

古着屋さんで見つけた外国のエコバッグ
に、三角形をつなげたパッチワークでマチ
をつけたり、ポケットをつけてリメイク。
シンプルなエコバッグが、よりかわいく使
いやすくなります。

Design & Making ▶ Sankaku Quilt
How to make ▶ 90page

ショッピングバッグ

日々の買いものに便利な、レジ袋型のエコバッグ。「レールフェンス」のパターンのポケットをつけてアクセントにしました。折りたたんでポケットにつけたリボンで結べば、コンパクトに持ち運びができます。

Design & Making ▶ 山本さくら
How to make ▶ 92page

CHECKED

丸いアップリケの
ぺたんこバッグ

バッグ本体とアップリケの部分に大き
さの違うギンガムチェックを使った大
小のバッグ。丸いアップリケには、ざ
くざくとステッチを入れて、表情のあ
るデザインに。

Design & Making ▶ pot and tea
How to make ▶ 94page

エプロン

ビビッドな赤やピンク色の布をランダムに
組み合わせたパッチワークのポケットがポ
イント。ひもも2種類の布を組み合わせ、
遊び心のあるエプロンになりました。

Design & Making ▶ pot and tea
How to make ▶ 96page

FLORAL

花柄パッチワークのスカート

さまざまな花柄の布を自由に組み合わせた、パッチワーク
のボックススカート。ウエスト部分は色のトーンを変えて
アクセントに。履くとキュロットのように見えます。

Design & Making ▶ pot and tea
How to make ▶ 98page

花柄のミニストール

小花柄、大輪の花、さまざまな花柄を自由に
組み合わせてミニストールにしました。パイ
ピングやストールの端につけたポンポンにも
花柄を使い、ガーリーな雰囲気です。

Design & Making ▶ pot and tea
How to make ▶ 100page

花のアップリケの
ふかふかバッグ

花柄やギンガムチェック、水玉柄を組み合わせた「ログキャビン」のパターンの中央に、裁ち切りの花を重ねてアップリケしています。持ち手にも綿を詰めて何度も触りたくなるふかふかさに。ひとつひとつが愛らしいバッグです。

Design & Making ▶ pot and tea
How to make ▶ 102page

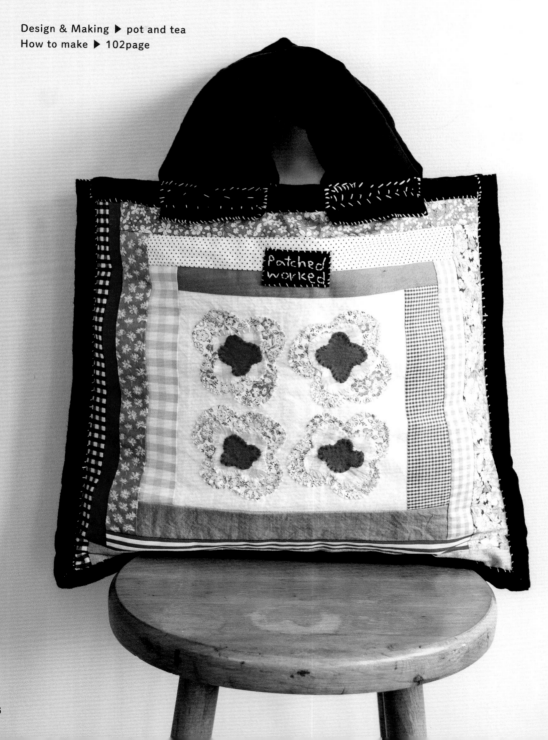

36

フラワーパターンのミニバッグ

花柄の布を活かしたミニバッグ。正方形を組み合わせた
「ナインパッチ」と、長方形を合わせた「ログキャビン」の
パターンを使い、正方形のミニバッグに仕立てました。
「ログキャビン」の白地とチェックにはワイシャツを再利
用しています。

Design & Making ▶山本さくら
How to make ▶ 105page

APPLIQUE

花のアップリケバッグ

形のかわいいシンプルなバッグに、1輪
の花をアップリケして。最低限のものだ
け入るミニサイズですが、コーディネー
トの主役になります。柄の布を使うと、
印象ががらりと変わります。

Design & Making ▶ pot and tea
How to make ▶ 106page

レモンスターの
アップリケバッグとポーチ

大きな「レモンスター」のパターンをアップリケしたバッグ。同様に作ったアップリケの布を半分に折り、ファスナーをつければお揃いのポーチに。レモンスターの大きさは同じなので、型紙がひとつですみます。

Design & Making ▶ 山本さくら
How to make ▶ 109,110 page

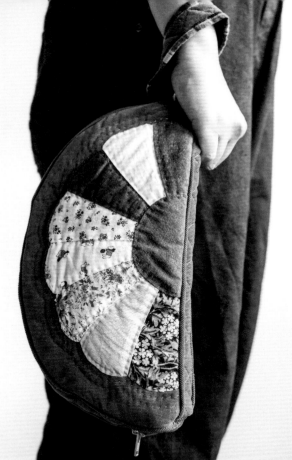

クラッチバッグ

コーデュロイ素材を使ったバッグ。「ドレスデンプレート」と「ノースカロライナリリー」のパターンの形に合わせ、バッグ自体を半円と1/4円のデザインに。マチもたっぷりあり、見た目以上に収納できます。

Design & Making ▶ 松本祥子
How to make ▶ 112,114 page

POUCH

ロールトップポーチ

お弁当やフルーツ、ドリンクなどを入れ
てお出かけにも便利なランチバッグに。
ポーチの口の部分からくるくる巻いて、
バックルでしっかりとめられます。

Design & Making ▶ 松本祥子
How to make ▶ 116 page

BABY GOODS

ミニチュアベッドカバー

長方形のピースを組み合わせて作った人形用
のミニキルト。お気に入りの布は小さなはぎ
れでもなかなか手放しづらいもの。そんなは
ぎれが溜まってきたときに作ってみては？

Design & Making ▶ mornquilt
How to make ▶ 118 page

ベビーキルトとバスケット

ところどころに入れた大小の三角形と格子状
のステッチがアクセントの、初心者にも作りや
すいシンプルなベビーキルト。四角形をつな
ぎ合わせたバスケットは、四角に沿ってステッ
チを入れて。

Design & Making ▶ 松本祥子
How to make ▶ 119, 120 page

BABY QUILT

ビルディングブロックの
ベビーキルト

三角形と四角形を組み合わせ、おもちゃをイメージして作ったベビーキルトです。布と色選びのかわいらしさ、パイピングの接ぎ合わせなど、全体にリズムを感じる1枚です。

Design & Making ▶ mornquilt
How to make ▶ 121page

四角つなぎのベビーキルト

シックな色と個性的なプリントが特徴になっている
ベビーキルト。正方形を菱形の向きにセッティング
するだけで見え方が変わります。キルティングと糸
で結んでとめるタフティングをして仕上げました。

Design & Making ▶ mornquilt
How to make ▶ 122page

リボンのベビーキルト

2色を交互に配色する繰り返しの伝統パターン「ピーターからポールへ」も、配色次第でリボンのように見えます。ナチュラルなリネン地を使うと、リボン部分がより映えます。裏地はチェック柄で、違う表情に。

Design & Making ▶ mornquilt
How to make ▶ 123page

COLUMN 1　子供と一緒

子供の使うアイテムは小さく、気軽に作りやすいもの。
小さかった子供の面影を感じられ、ずっと取っておきたい思い出の詰まったものになります。

子供用ジャケット

お気に入りのビンテージ布をポイントに使ったパッチワークのジャケット（左120cm、右130cm）。身頃の部分に四角つなぎの
パターンと、四角つなぎをアレンジしたパターン上に円のアップリケとステッチをしたデザイン。見た目にも温かな一着です。

お絵かきクッション

無地の布に子供に絵を描いて
もらい、簡単なステッチで絵の
通りに刺繍しました。その布を
お気に入りのビンテージ布とと
もに縫い合わせてパッチワーク
のクッションに。サイズアウト
してしまった、子供服をカット
して使うのもおすすめです。

PATCHWORK CLOTH

パッチワーククロス

柔らかく薄いコットンを折り伏せ縫いにして、1枚
で仕立てたクロスです。かごにかけたり風呂敷とし
て荷物を包んだり、スカーフにして髪や首に巻いた
りと、さまざまな使い方ができます。

Design & Making ▶ Sankaku Quilt
How to make ▶ 126page

大きめクロス

「ログキャビン」のパターンで、薄いコットンをつないだ大判のマルチクロス。裏側は縫い目が見えないように折り伏せ縫いにしています。窓などにかけて、透け感のある繊細なパッチワークを楽しめます。

Design & Making ▶ 山本さくら
How to make ▶ 126page

51

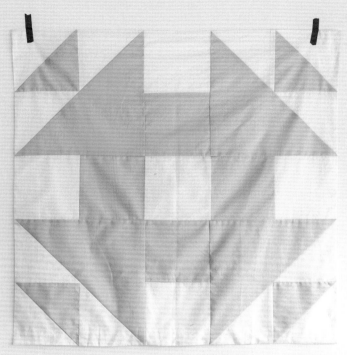

マルチクロス

「アンヴィル（鉄床）」、「オハイオス
ター」、「モンキーレンチ」、「ハウス」
のパターンを1枚だけ大きく使ったマル
チクロス。ポスターのように壁に
飾って楽しんでも。表布と裏布を縫い
合わせるだけの簡単仕立てです。

Design & Making ▶ 山本さくら
How to make ▶ 124page

バッグのように中袋をつけて縫い代が内側に見えなくなるものではなく、縫い代が外側に見えるときの始末のしかたです。

タペストリーの周囲をパイピングで仕上げる

帯状の布で縫い代をくるむことをパイピングと言います。ここではよく使われる角がきれいに見える額縁仕立てのしかたを解説します。
小物で中袋をつけない場合も、縫い代をバイヤステープでくるんで始末します。

1 直角に交わる経糸と緯糸に対して45度の角度でカットすることをバイヤス裁ちと言い、帯状にカットしたものをバイヤステープと言います。布を広げて45度に定規を合わせてカットします。縫い代が1cmなら4cm幅、0.8cmなら3.5cm幅、0.7cmなら3cm幅です。

2 長さが足りないときはテープをつなぎます。端に縫い代の印をつけ、中表に重ねて印を合わせて布端の谷から谷までを縫います。縫い代は片倒しか割り、飛び出した縫い代の余分をカットします。

3 縫い代の印をつけ、キルトに中表に合わせてまち針でとめます。テープの端を1cm折り、数cmあけて角の印まで縫います。ここではしっかりとつけるために返し縫いをしています。

4 角で針をとめてテープを45度に、次の辺と平行になるように折り上げます。テープを次の辺に沿って折り下げ、まち針でとめます。角は三角形のタックができます。

5 針を角に入れて次の辺の角に出します。針がテープの中を通っている状態です。返し縫いをして次の辺を同様に縫います。このようにしてぐるりと一周縫います。

6 最後は、最初に数cmあけた部分にテープを重ねて縫います。テープが長い場合は、長さを合わせてカットしておきます。

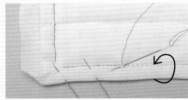  

7 表側にテープがついたら裏側にテープを折り返して裏打ち布に縫いつけます。テープで縫い代をくるんでまち針でとめ、角の印まで表の縫い目を隠すようにたてまつりをします。

8 テープの角は45度に折り込んで、整えます。次の辺の縫い代をくるんでまち針でとめ、角の重なった部分をひと針まつってから次の辺をまつります。

9 ぐるりと一周まつれば完成です。角は斜めに布が折りたたまれてすっきりとします。

折り伏せ縫いで一枚仕上げ

縫い代を縫い代でくるんで、裏からでもすっきりきれいに見える始末のしかたです。ミシンでも手縫いでもできます。

1 2枚を中表に合わせて縫います。縫い代は1cmです。1枚のみを縫い代0.3〜0.5cmでカットします。

2 カットしていない縫い代を、カットした縫い代にかぶせるように折ってアイロンをかけます。そのまま布を開いて縫い代の端が見えないようにカットした側に倒します。

3 輪になっている縫い代の端から0.1cmのあたりをぐし縫いします。これで完成です。裏はぐし縫いが2本ですが、表からは1本だけ見えます。

布で自由に絵を描くような感覚で楽しめるのがアップリケ。縫い代を折り込む方法と裁ち切りのままにする方法があります。

一般的なアップリケ　縫い代を折り込みながらまつります。

1 アップリケ布の表に印をつけ、縫い代を0.3〜0.5cmつけてカットしてアップリケしたい部分に重ねてまち針でとめます。へこんだ部分やカーブには縫い代に切り込みを入れます。

2 印のきわを親指で押さえ、針先で縫い代を折り込みながらたてまつりをします。V字にへこんだ底の部分には縫い代がないので少し内側をすくってかがります。

丸のアップリケ　型紙で形を作ってからアップリケする方法です。

  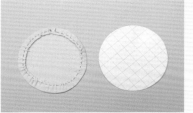

1 アップリケ布の周囲をぐし縫いします。最後は最初の縫い目に重ねて縫います。アップリケ布の型紙(出来上がり寸法)も用意します。

2 アップリケ布の裏に型紙を重ね、糸を引いてぐし縫いを引き絞ります。引き絞ったら玉止めをしてアイロンを当てて形を作ります。

3 アップリケ布から型紙を引っ張り出します。もう一度アイロンをかけて形を整えます。

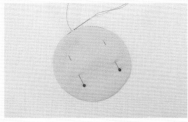

4 アップリケしたい部分に重ねてまち針でとめ、たてまつりをします。一周まつれば完成です。

切りっぱなし(裁ち切り)のままアップリケ

縫い代を折り込まないアップリケです。縫い目もデザインとして遊びます。

両面接着シート
剥離紙にくもの巣状の樹脂シートがついています。樹脂側をアップリケ布に重ねてアイロン接着した後、剥離紙をはがしてアップリケしたい部分に重ねて再度アイロン接着します。

裁ち切りのアップリケ布の周囲を、ザクザクと大きな針目でアップリケしています。糸の色やステッチがいい味になります。

アップリケ布の裏に両面接着シートをはって接着したタイプ。布端がほつれにくく、はっただけでもかまいませんが布と似た色の糸で内側を縫っています。手縫いでもミシン縫いでもOKです。

三角形だけでパターンを作る

三角形だけで、伝統的なパターンからオリジナルパターンまでを作ります。三角形の向きや組み合わせ、色を変えることで
見えてくる形が変わるおもしろさがあります。正方形を対角線で半分にした三角形aをベースにして、aさらに分割した三角
形をb、bをさらに分割した三角形をcとし、この3種類を組み合わせて展開します。

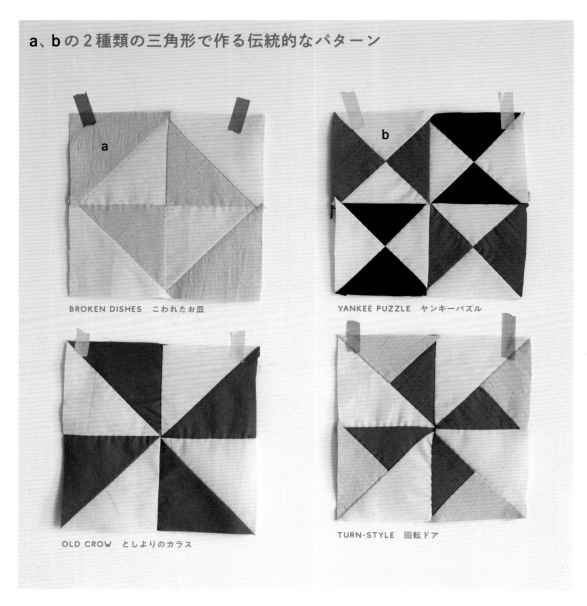

a、bの2種類の三角形で作る伝統的なパターン

BROKEN DISHES　こわれたお皿

YANKEE PUZZLE　ヤンキーパズル

OLD CROW　としよりのカラス

TURN-STYLE　回転ドア

こわれたお皿
a8枚を縫い合わせたシンプルなパターン。どのように色を配置するかで印象が変わってきます。

としよりのカラス
「こわれたお皿」と同じですが、正方形のユニットの向きを変えるだけで違う名前のパターンになります。

ヤンキーパズル
aをさらに分割したbのみでより複雑な構成。色を互い違いに配置することで見え方が変わります。

回転ドア
aとbをミックスして構成。色の配置は「としよりのカラス」と同じですが、さらに分割されているので中に小さな風車も生まれてきます。

a、b、cの3種類の三角形で作る伝統的なパターン

DUTCHMAN'S PUZZLE　オランダ人のパズル

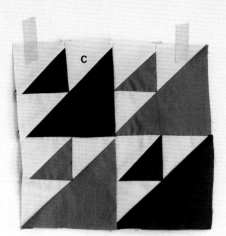

FLYING BIRD　飛ぶ鳥

FLOCK OF GEESE　ガチョウの群れ

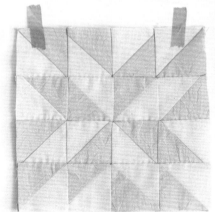

STAR OF THE MILKY WAY　天の川

オランダ人のパズル
bとcの2種類で構成。矢印のような形はほかのパターンでもよく使われます。

ガチョウの群れ
aとcの2種類で構成しているので、メリハリのついたパターンです。三角形が鳥のモチーフです。

飛ぶ鳥
「ガチョウの群れ」と同じaとcの2種類ですが、組み合わせ方が違います。これも三角形を鳥が編隊を組んで飛んでいるように見えます。

天の川
cの三角形だけを縫い合わせているので、細かい印象です。色の繋がりで星の輝きが見えてきます。

aとcのそれぞれ1種類だけで構成したオリジナルの幾何学模様

1　斜めの帯のように配色すれば「ライトニング」というパターンに。このようにユニットで配色するとまったく見え方が変わります。

2　内側の三角形4枚を同じ色にすれば「ビクトリーキルト」や「アロウヘッド」とも呼ばれるパターン。シンプルだからこそ、中心から対称に展開するおもしろさと少し崩した配色が生きてきます。

3　ジグザグ模様をパッチワークで作るとこのようになります。モダンな一枚に。

4　ヘリンボーンをイメージしたパターン。ジグザグの配色違いのように見えますが、よく見ると三角の向きも変わっています。

COLUMN 2 布の楽しさ

パッチワークに使う布は、どんな布でもかまいません。好きな布、使いたい布をメインに布合わせを楽しむのが醍醐味です。ただ、縫いやすさで考えれば普通地のコットンがいちばんです。織りのかたい布、厚地、薄地はカットやピーシングにも少し手間とコツが必要な場合があります。目の詰んだ布も針通りが悪いので注意してください。布合わせを楽しむ以外にもうひとつ考えたいことは、使用目的です。飾るためのものなのか、何度も洗濯するような実用品なのか。プレゼントにする場合は、赤ちゃん用ならば優しい肌触りのものといった配慮も必要になってきます。この本ではベビーキルトや60ページのような普段使いのキルト、マルチクロスなど日常使いするものはコットンで、バッグやポーチなど洗濯する機会の少ないものには特徴のある布を使っています。

1
20ページのカードケース。ウール、織りのおもしろい布、コーデュロイ、薄地の織模様などとプリントを組み合わせています。少し縫いにくい布でも、小さな作品ならそこまで気になりません。自由に組み合わせて布選びを楽しめます。

2
26ページの中のクラッチバッグ。外側のバッグのオーガンジーもですが、中のクラッチバッグにも個性的な布を使っています。畝が広めのコーデュロイ、厚手の蛍光色の織り布、シャツのような布などです。ストライプの布を使うときは、接ぎ合わせるときにラインを合わせるのか、わざと縦横にするのかでも印象が変わります。

3
24ページのポシェット。同じ緑色でも細かさの違うチェックを合わせています。さらに深緑の別珍を使って素材感でも変化をつけています。緑の中で控えめなピンストライプのオレンジの布がポイントと息抜きに。

4
14ページのクッション。着なくなった洋服と個性的な柄の布でも色を合わせたり無地やチェックをはさむとまとまりやすくなります。畝の広いコーデュロイはラインを強調するようにカットして配置します。

5
42ページのクラッチバッグ。パターンのアップリケ部分に使っている布は、よく見るとどれも個性的なもの。一枚一枚は個性的でも色のトーンを抑えた同系色で合わせているので全体としてよく合います。本体のコーデュロイを縫うときは、ミシンがおすすめです。

PATCHWORK QUILT

マルチキルト

大きな三角形をミシンでつないだ、ダイナミックなキルト。柄や色はシンプルにして、キルティングの糸を蛍光色にするのがポイント。少し厚めのキルト綿を使ってキルティングすると、ふかふか感が増します。

Design & Making ▶ Sankaku Quilt
How to make ▶ 127page

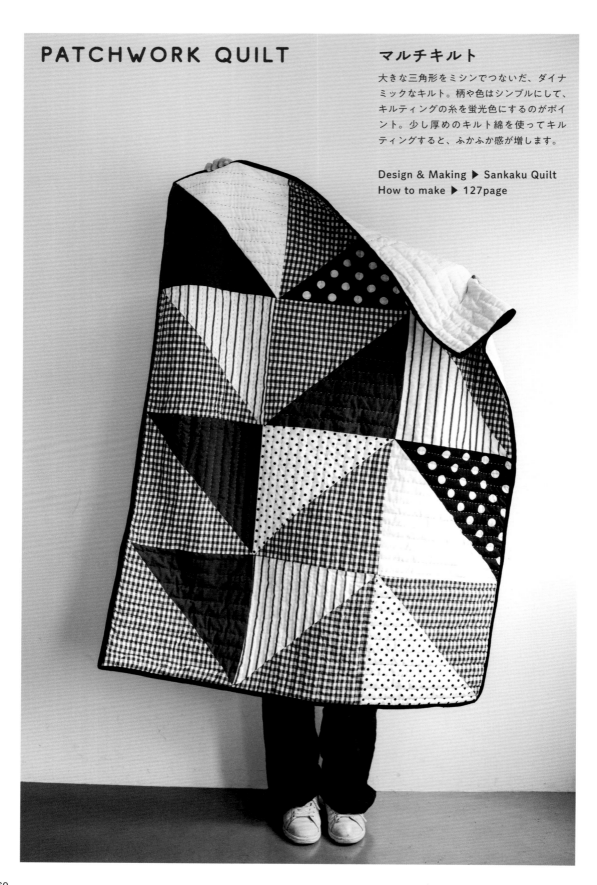

アーミッシュキルト

無地の布だけを使った、シンプルな幾何学
模様が特徴のアーミッシュキルト。印象的
な黒いピースには、さまざまな色の糸で好
きなミュージシャンの名前を刺繍して、自
分の好きが詰まった一枚に。

Design & Making ▶ mornquilt
参考作品

HOW TO MAKE
作品の作り方

- 図中の数字の単位はcmです。
- 構成図や図案の寸法には、特に表示のない限り縫い代を含みません。通常、縫い代はピーシングは0.7cm、アップリケは0.5cm、仕立ては1cmくらいを目安につけます。裁ち切りと表示のある場合は、縫い代をつけずに布を裁ちます。
- 指示のない点線は、縫い目、キルティングやステッチのラインを示しています。
- 材料の布の寸法は、縦×横で表記しています。なるべく布幅を無駄なく使うように計算していますが、お手持ちの布に合わせて考えてください。用尺は少し余裕を持たせて多めに表記しています。
- キルティングをすると少し縮むので、周囲の縫い代に余分をつけておくと安心です。
- 作品の出来上がりは、図の寸法と差の出ることがあります。
- 基本的な用語や作り方は4〜9ページ、54〜55ページの基本に掲載しています。併せてご覧ください。

縫い代の倒し方

基本は強調したいほう、カーブの場合は自然に倒れるほうに倒します。しかし薄い色の布で縫い代が透けて見えるのが気になる場合は濃い色の布のほうへ、ほかにも縫い代が重ならないほうという場合もあります。またどちらかは気にせずに自然に倒れるほうということも。決まりはありません、臨機応変にどうぞ。

出来上がり寸法　魚17.8×28.5cm　猫26.4×18.2cm　船21.1×17.1cm

■ 材料

魚　ピーシング用布適宜　a用布（ループ分含む）25×40cm
キルト綿20×90cm　裏布25×35cm
直径1.5cmボタン1個
猫　ピーシング用布（ループ分含む）適宜
b用布40×30cm　キルト綿30×60cm　裏布35×25cm
直径0.8cmボタン2個　25番刺繍糸適宜
船　ピーシング用布適宜　c用布30×25cm
キルト綿25×55cm　裏打ち布25×20cm
パイピング用布（ループ分含む）35×35cm

■ 作り方のポイント

- ピースの周囲のキルティングは、縫い目から0.1cmずらして刺す。
- キルト綿は2、3枚重ねる。
- 裏布にはウール地を使うとよい。
- 魚と猫の型紙はカバーを外した表紙に掲載。

■ 作り方

魚、猫
① ピーシングをして本体のトップをまとめる。
② ループを作る。
③ キルト綿を重ねた本体と本体裏を中表に合わせ、ループをはさみ、返し口を残して周囲を縫う。
④ 表に返して返し口をまつってとじ、しつけをかけてキルティングする。
⑤ 刺繍をしてボタンをつける。

船
① ピーシングをして本体のトップをまとめる。
② 裏打ち布、キルト綿に本体のトップを重ね、しつけをかけてキルティングする。
③ ループを作る。
④ ループをはさんで周囲をパイピングで始末する。
⑤ ループを折り上げてたたみ、縫う。

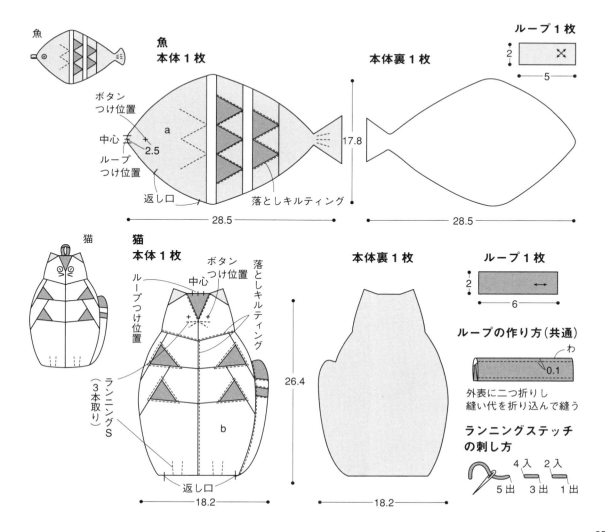

作り方（魚・猫）

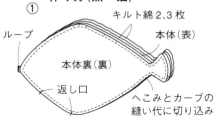

① ループ
キルト綿2、3枚
本体（表）
本体裏（裏）
返し口
へこみとカーブの
縫い代に切り込み

キルト綿を重ねた本体と裏布を
中表に合わせ、二つ折りしたループを
はさんで縫う

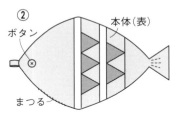

② ボタン
本体（表）
まつる

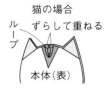

猫の場合
ずらして重ねる
ループ
本体（表）

表に返して返し口をまつってとじ
キルティングする

船

船
本体1枚

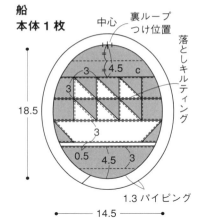

中心
裏ループ
つけ位置
落としキルティング
3
4.5 c
3
3
0.5 4.5 3
18.5
14.5
1.3 パイピング

ループ1枚

3.8 裁ち切り ✕
12.5

ループのつけ方

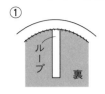

① ループ 裏

パイピングを裏側に
まつるときにループの
片方の端をはさむ

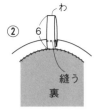

② わ
6
縫う
裏

ループを折りあげて
二つ折りにし、縫いつける

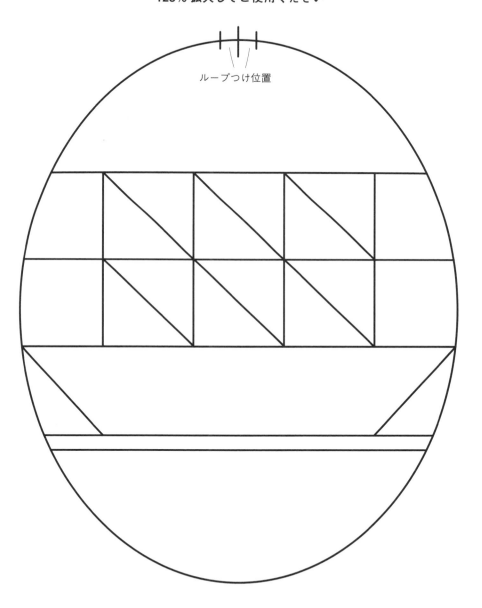

80% 縮小型紙
125% 拡大してご使用ください

ループつけ位置

出来上がり寸法　A〜D22×22cm、E24×24cm

■ 材料（1点分）

ピーシング用布各種
裏打ち布、キルト綿各25×25cm
パイピング用布（ループ分含む）35×35cm

■ 作り方

① ピーシングをして本体のトップをまとめる。
② 裏打ち布、キルト綿にトップを重ね、しつけをかけてキルティングする。
③ ループを作る。
④ 周囲をパイピングで始末し、ループをはさむ。

本体各1枚

A

落としキルティング　裏ループつけ位置
1　パイピング

4.2
2.5
1.8
2.5
3 3
20
3
8
20

B

落としキルティング　裏ループつけ位置
1　パイピング

4
10
10
2 4 4
20
20

C

落としキルティング　裏ループつけ位置
1　パイピング

1.7
1.7
4.2
2
2 4.2
20

D

落としキルティング　裏ループつけ位置
1　パイピング

4.8 2.8
4.8
1
20
20

E

落としキルティング　裏ループつけ位置
1　パイピング

11
7.5
7.5
11
11.6 11.6
22
2
2.5
22

ループ1枚

4
裁ち切り
10

① ループの作り方

1　わ
かがる
四つ折りして端をかがる

②

3　パイピング
裏
パイピングをするときに角にループをはさむ

③

かがる
裏
角とループをかがって抜けないようにする

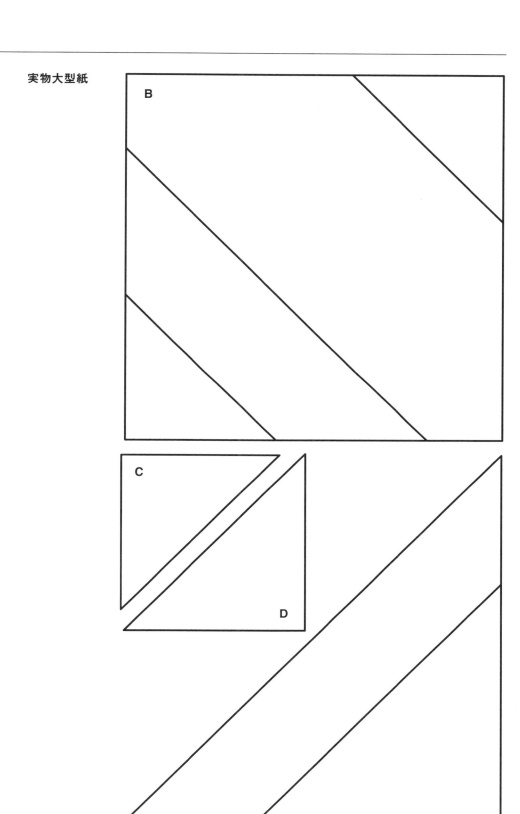

実物大型紙

B

C

D

E

出来上がり寸法　A〜C・G48×48cm、D48.2×48.2cm、F49×49cm、E50×50cm

■ 材料（1点分）

ピーシング用布各種　裏打ち布、キルト綿各55×55cm
本体後ろ用布35×110cm　パイピング用布35×60cm
45〜48cm角ヌードクッション1個

■ 作り方のポイント

・ Gは本体をピーシングして大きめに作り、好きな位置
　でカットする。

■ 作り方

① ピーシングをして本体前のトップをまとめる。
② 裏打ち布、キルト綿に本体前のトップを重ね、しつけを
　かけてキルティングする。
③ 本体後ろを作る。
④ 本体前と後ろを中表に合わせて縫い、周囲をパイピング
　で始末する。
⑤ ヌードクッションを入れる。

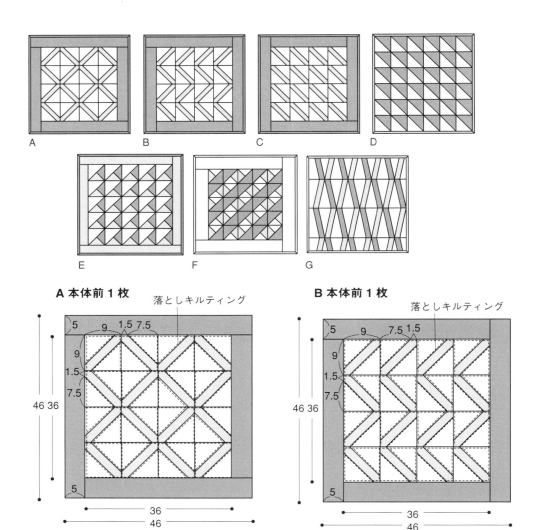

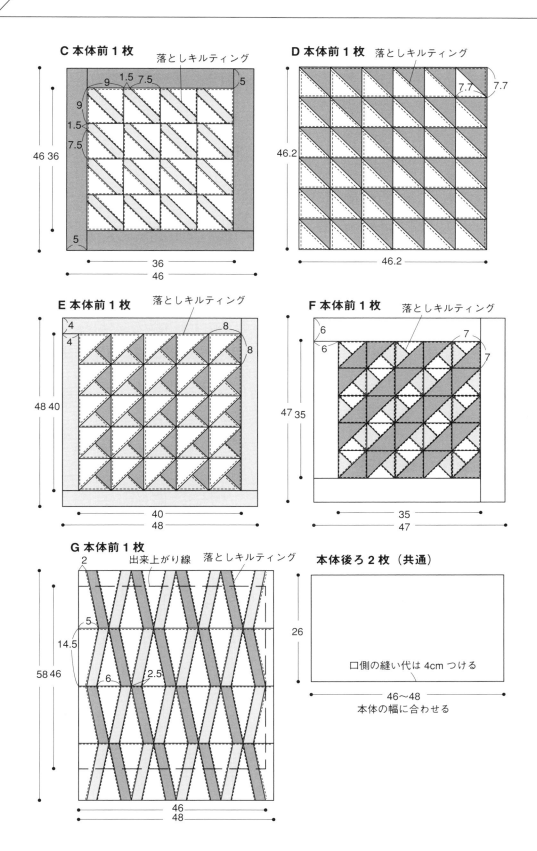

C 本体前1枚　落としキルティング

9　1.5　7.5　5

9

1.5

7.5

46　36

5

36
46

D 本体前1枚　落としキルティング

7.7　7.7

46.2

46.2

E 本体前1枚　落としキルティング

4　　8

4　　8

48　40

40
48

F 本体前1枚　落としキルティング

6　　7

6　　7

47　35

35
47

G 本体前1枚　出来上がり線　落としキルティング

2

5

14.5

58　46

6　2.5

46
48

本体後ろ2枚（共通）

26

口側の縫い代は4cmつける

46〜48
本体の幅に合わせる

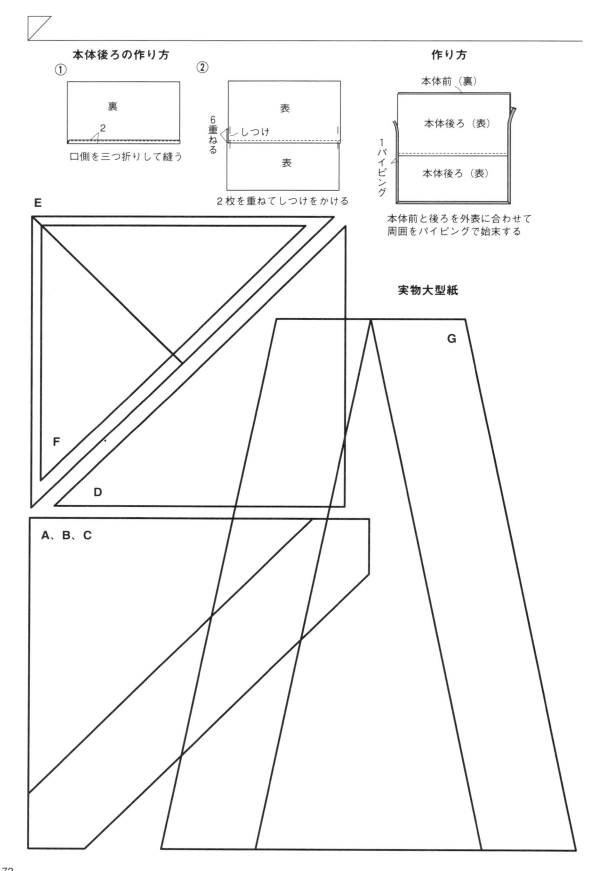

本体後ろの作り方

① 裏

2

口側を三つ折りして縫う

② 表

6重ねる

しつけ

表

2枚を重ねてしつけをかける

作り方

本体前（裏）

本体後ろ（表）

1 パイピング

本体後ろ（表）

本体前と後ろを外表に合わせて
周囲をパイピングで始末する

実物大型紙

E

F

D

G

A、B、C

■ **材料（1点分）**
ピーシング用布2種各適宜
薄手片面接着キルト綿、裏布各15×15cm

■ **作り方**
① ピーシングをして本体のトップをまとめる。
② 裏布に接着キルト綿をはり、本体のトップと中表に合わせ、返し口を残して周囲を縫う。
③ 表に返して返し口の縫い代を整え、周囲をステッチする。
④ キルティングする。

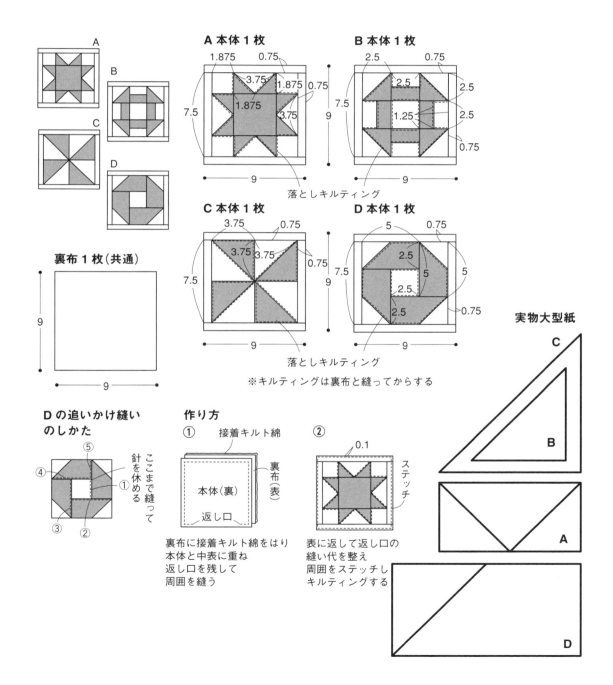

■ 材料
ピーシング用布3種各30×90cm　a用布60×110cm
キルト綿、裏打ち布各60×110cm
バイヤステープ用布35×60cm　太糸適宜
長さ48cmファスナー1本　48cm角ヌードクッション1個

■ 作り方のポイント
・ ファスナーの角は縫い代の始末で厚みがでているので
　本体同士をかがっておいてもよい。

■ 作り方
① ピーシングをして本体のトップをまとめる。
② 裏打ち布、キルト綿に本体のトップを重ね、しつけをか
　けてキルティングする。
③ 本体の縫い代を折ってファスナーを縫いつけ、縫い代を
　バイヤステープでくるんで始末する。
④ 本体を中表に合わせて周囲を縫い、縫い代をバイヤス
　テープでくるんで始末する。
⑤ ヌードクッションを入れる。

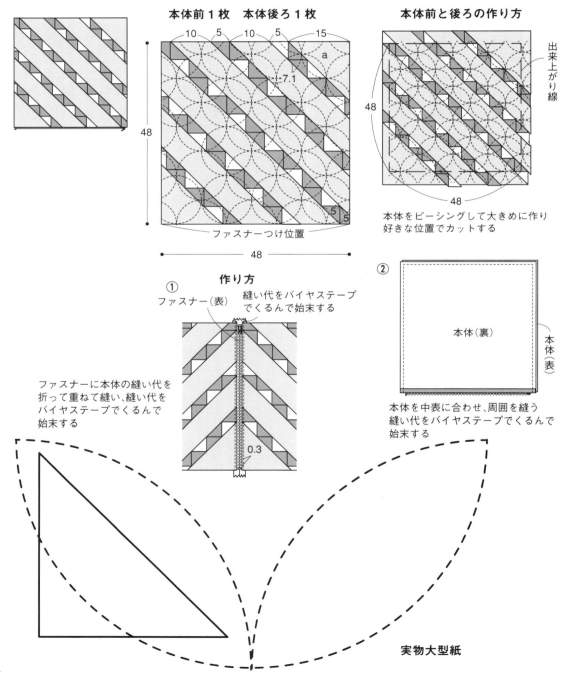

本体前 1 枚　本体後ろ 1 枚

10　5　10　5　15

7.1

a

48

5　5

ファスナーつけ位置

48

本体前と後ろの作り方

出来上がり線

48

48

本体をピーシングして大きめに作り
好きな位置でカットする

作り方

①
ファスナー（表）

縫い代をバイヤステープ
でくるんで始末する

0.3

ファスナーに本体の縫い代を
折って重ねて縫い、縫い代を
バイヤステープでくるんで
始末する

②

本体（裏）

本体（表）

本体を中表に合わせ、周囲を縫う
縫い代をバイヤステープでくるんで
始末する

実物大型紙

■ 材料

ピーシング用布各種　空用布（湖分含む）30×110cm
後ろ用布70×60cm　キルト綿、裏打ち布各60×110cm
パイピング用布2種各55×55cm
長さ45cmファスナー1本　50cm角ヌードクッション1個

■ 作り方のポイント

・ 前と後ろを重ねて縫うとき、ファスナーはあけておく。
・ 周囲は縫い代を1.2cmつける。
・ パイピング用のバイヤステープは2種類を交互に接ぐ。

■ 作り方

① ピーシングをして本体前と後ろのトップをまとめる。
② 裏打ち布、キルト綿に本体前のトップを重ね、しつけをかけてキルティングする。
③ 本体後ろのトップにキルト綿を重ね、裏打ち布と外表に合わせてファスナーをはさんで縫う。
④ 本体後ろにしつけをかけてキルティングする。
⑤ 本体前と後ろを外表に合わせて周囲を縫う。
⑥ 周囲をパイピングで始末する。
⑦ ヌードクッションを入れる。

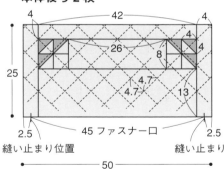

本体前 1 枚

キルティング

4.7

0.5

50

50

ピーシングの順番

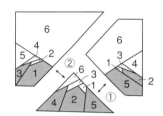

6
4
5　2
3　1
②
6　3
1
4　2　5
①

6
1　3
4
5　2

山は3つの大きなパーツに
分けてまとめから
パーツ同士を縫い合わせる

1　2
3
4
6
4　7　3
2　1
5

湖と草原のパーツを
それぞれまとめてから
縫い合わせる

本体後ろ 2 枚

4　　42　　4
26
4
8　4
25
4.7
4.7　13
2.5　　45 ファスナー口　　2.5
縫い止まり位置　　　　　縫い止まり位置
50

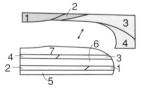

※キルティングはファスナーを
つけてからする

① 本体後ろの作り方

縫い止まり位置　　縫い止まり位置

後ろ（裏）

本体後ろを中表に合わせ、端から
縫い止まり位置まで縫う
裏打ち布も同様に縫う

②

キルト綿　　裏打ち布（裏）

2重に縫う

後ろ（表）

0.5

ファスナー
縫い止まり位置

断面図
裏打ち布（裏）
後ろ（表）
キルト綿（裁ち切り）

後ろと後ろ裏打ち布の
ファスナー口の縫い代を折り
ファスナーをはさんで縫う
この後キルティングする

1.2
パイピング

作り方

後ろ（裏）

前（表）

6

前と後ろを外表に合わせて縫い
縫い代をパイピングで始末する

40% 縮小型紙
250% 拡大してご使用ください

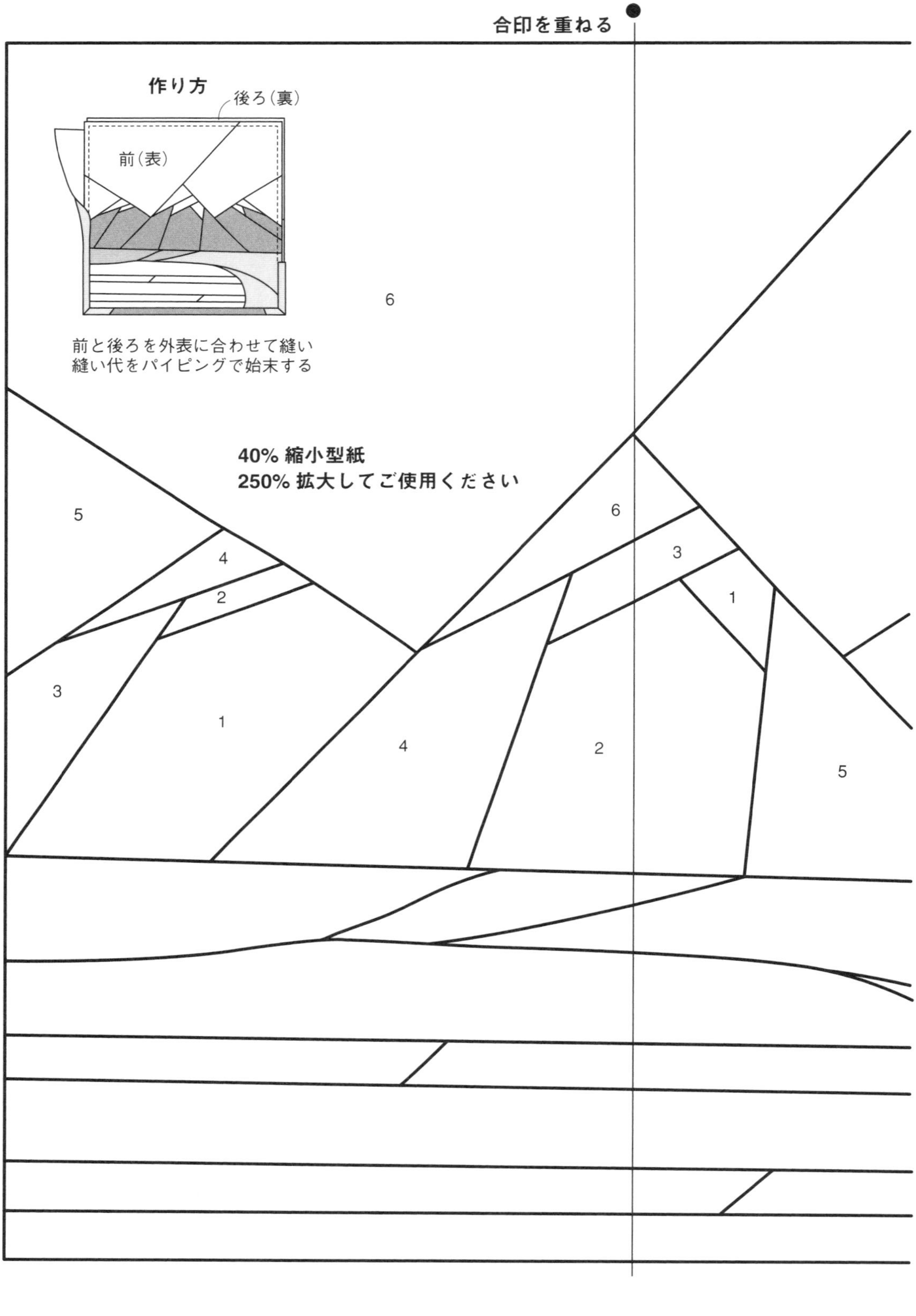

5

4

2

6

3

1

3

1

4

2

5

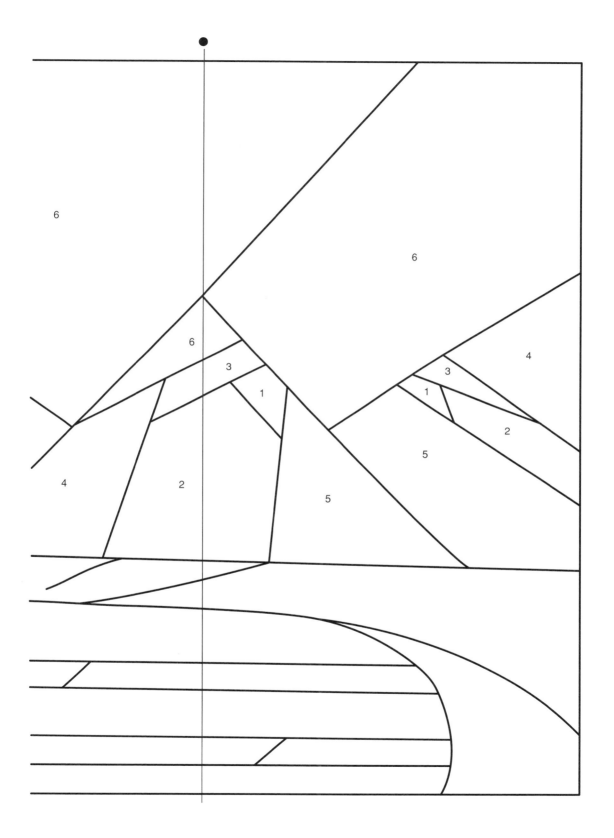

◢ P.17 ミニクッション

出来上がり寸法 32.6×52.6cm

■ 材料
ピーシング用布各種　後ろ用布35×60cm
パイピング用布60×60cm
キルト綿、裏打ち布各75×60cm
長さ45cmファスナー1本　30×50cmヌードクッション1個
太糸、手芸綿各適宜

■ 作り方のポイント
・ 周囲は縫い代を1.3cmつける。

■ 作り方
① ピーシングをして本体前のトップをまとめる。
② 裏打ち布、キルト綿に本体前のトップを重ね、しつけをかけてキルティングする。
③ 本体後ろにファスナーをつけてキルティングする。
④ 本体前と後ろを外表に合わせて周囲を縫う。
⑤ 周囲をパイピングで始末する。
⑥ ヌードクッションを入れる。

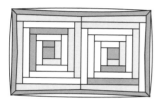

ログキャビンの作り方

① 6.4　裁ち切り
6.4　　3.9
裏　　0.7
中心の正方形に帯状の布を縫う

② 表
表に返す

③ 6.4
3.9　　8.9
裏

表

正方形と帯状の布分の長さの布を同様に縫って表に返す
これを繰り返す

本体前 1 枚

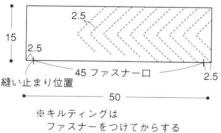

2.5　　　　2.5

30

5　5

落としキルティング

50

本体後ろ 2 枚

15

2.5

2.5

45 ファスナー口

2.5

縫い止まり位置

50

※キルティングはファスナーをつけてからする

作り方

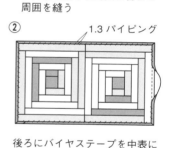

① 後ろ（裏）

前（表）

本体前と後ろを外表に合わせ周囲を縫う

② 1.3 パイピング

後ろにバイヤステープを中表に重ねて縫い、縫い代をくるんで前にまつる

本体後ろの作り方

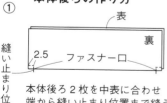

① 表
裏
2.5　ファスナー口
縫い止まり位置

本体後ろ2枚を中表に合わせ端から縫い止まり位置まで縫う
裏打ち布も同様に縫う

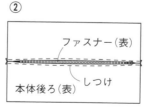

② ファスナー（表）
しつけ
本体後ろ（表）

ファスナー口の縫い代を折りファスナーを重ねてしつけをかける

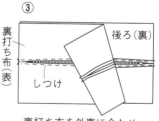

③ 裏打ち布（表）
後ろ（裏）
しつけ

裏打ち布を外表に合わせファスナー口にしつけをかける

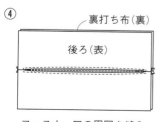

④ 裏打ち布（裏）
後ろ（表）

ファスナー口の周囲を縫う

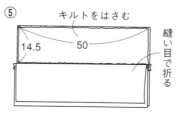

⑤ キルトをはさむ
14.5　50
縫い目で折る

本体後ろと裏布の間にキルト綿をはさむ

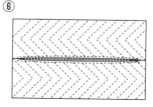

⑥

キルティングをする

■ **材料**

ピーシング用布2種各70×100cm
パイピング用布40×70cm
キルト綿、裏打ち布各80×110cm
太糸、太刺繍糸、手芸綿各適宜

■ **作り方のポイント**

・本体は大きく作り、好きな位置に型紙を合わせてカットする。

■ **作り方**

① ピーシングをして本体前と後ろのトップをまとめる。
② 裏打ち布、キルト綿にトップを重ね、しつけをかけてキルティングする。
③ 猫の形にカットする。
④ 前と後ろを外表に合わせ、綿入れ口を残して周囲を縫う。
⑤ 綿を詰めて綿入れ口を縫いとじる。
⑥ 周囲をパイピングで始末する。

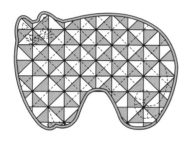

**としよりのカラス
のパターン**

本体前 1 枚

綿入れ口

ランニングS
（25番3本取り）

6
6

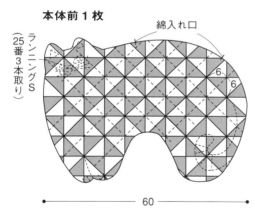

60

本体後ろ 1 枚

44

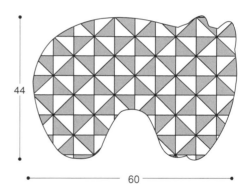

60

本体前と後ろの作り方

9枚

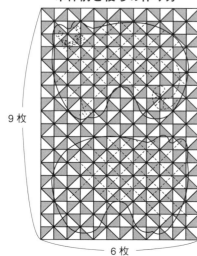

6枚

としよりのカラスのパターンを
横6×縦9枚ピーシングをしてつなぎ
キルティングしてから
縫い代をつけて猫の形にカットする

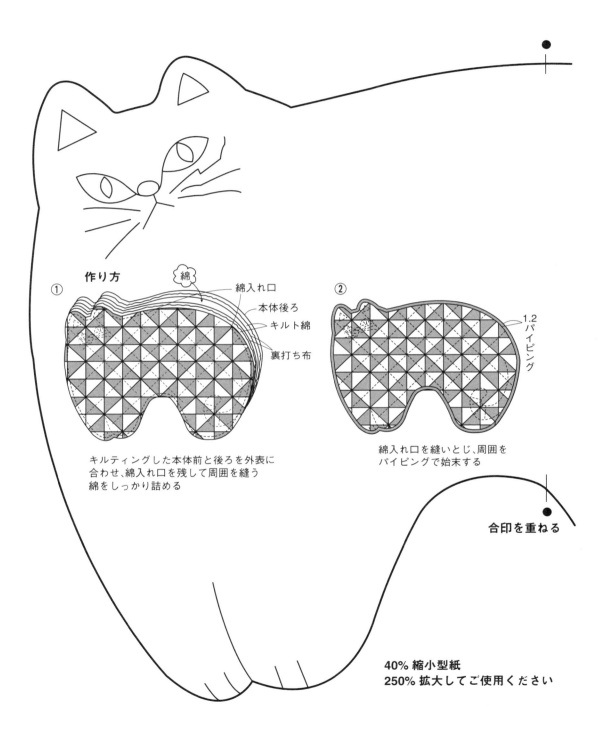

作り方

① 綿　綿入れ口　本体後ろ　キルト綿　裏打ち布

キルティングした本体前と後ろを外表に
合わせ、綿入れ口を残して周囲を縫う
綿をしっかり詰める

② 1.2 パイピング

綿入れ口を縫いとじ、周囲を
パイピングで始末する

合印を重ねる

40% 縮小型紙
250% 拡大してご使用ください

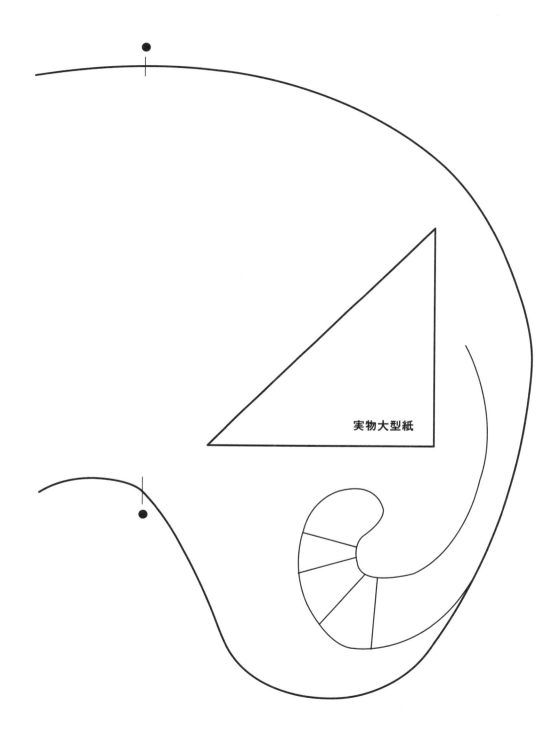

実物大型紙

■ 材料

犬　本体前用布各種
接着キルト綿、本体後ろ用布各35×35cm
ぬいぐるみ用粒綿適宜

猫　本体前用布各種
接着キルト綿、本体後ろ用布各35×30cm
ぬいぐるみ用粒綿適宜

■ 作り方

① ピーシングをして本体前のトップをまとめる。

② 本体前のトップに接着キルト綿をはり、キルティングする。

③ 本体前と後ろを中表に合わせ、返し口を残して周囲を縫う。

④ 表に返して綿を詰めて、返し口をコの字とじでとじる。

■ 作り方のポイント

• へこんだ角の縫い代には、縫い目ぎりぎりまで切り込みを入れる。

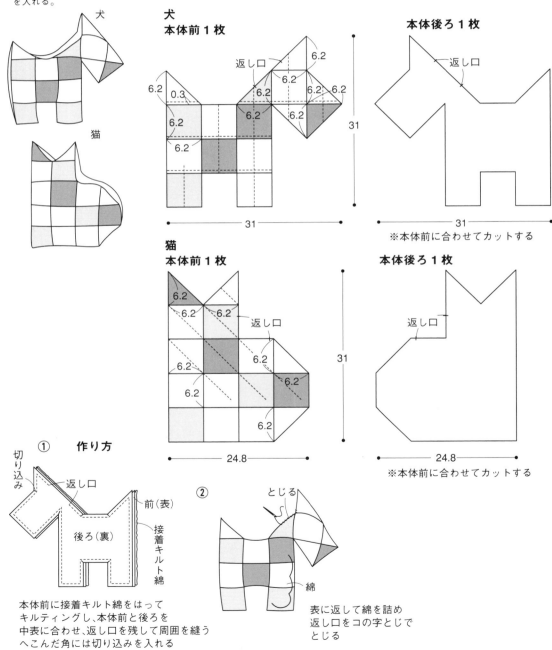

■ 材料

本体用布2種各20×15cm　キルト綿、裏布各20×15
ポケット用布15×15cm

■ 作り方のポイント

・ キルト綿は裁ち切りのサイズで本体に重ねる。

■ 作り方

① ピーシングをして本体のトップをまとめる。
② キルト綿に本体のトップを重ね、しつけをかけてキルティングする。
③ 本体と裏布を中表に合わせ、二つ折りしたポケットをはさみ、返し口を残して3辺を縫う。
④ 表に返して返し口をとじる。

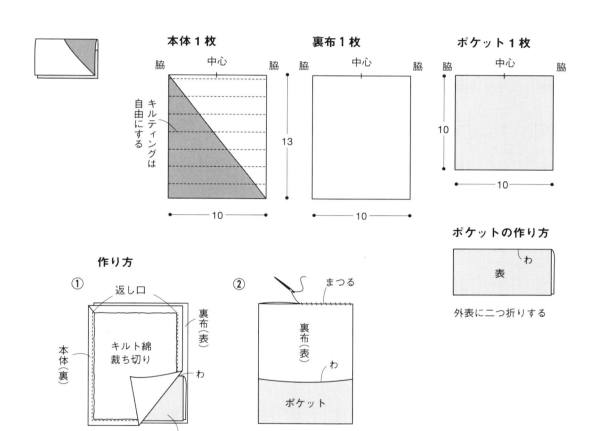

本体 1 枚

脇　　中心　　脇

キルティングは自由にする

13

10

裏布 1 枚

脇　　中心　　脇

10

ポケット 1 枚

脇　　中心　　脇

10

10

作り方

①

返し口

裏布（表）

本体（裏）

キルト綿
裁ち切り

わ

ポケット

本体と裏布を中表に
合わせ、ポケットを
はさんで返し口を
残して3辺を縫う

②

まつる

裏布（表）

わ

ポケット

表に返して返し口を
まつってとじる

ポケットの作り方

わ

表

外表に二つ折りする

■ 材料（1点分）
ピーシング用布各種
キルト綿、本体後ろ用布各35×35cm（A）
本体後ろ用a布35×15cm（B）
本体後ろ用b布35×25cm（B）
中袋用布35×70cm　ポンポン用布10×15cm
直径0.4cm革ひも220cm（A）　直径1cmひも270cm（B）
まとめ布5×15cm（B）

■ 作り方のポイント
・ 本体後ろ用の布は、厚手の布を使うとよい。
・ ひも通しを縫うときは、表側に縫い目が出ないように、
　折り返した先端と中袋のみを縫う。

■ 作り方
① ピーシングをして、本体前のトップをまとめる。Bは本
　体後ろもピーシングする。
② キルト綿に本体前のトップを重ね、しつけかけてキル
　ティングする。
③ 本体前と後ろを中表に合わせ、縫い止まり位置から縫い
　止まり位置まで縫う。
④ 中袋2枚を中表に合わせ、縫い止まり位置から底まで縫
　う。
⑤ 本体と中袋を中表に合わせ、縫い止まり位置から縫い止
　まり位置まで、口を縫う。
⑥ 表に返して、ひも通しを縫う。
⑦ 返し口をとじる。
⑧ ポンポンを作ってつけ、ひもを通す。

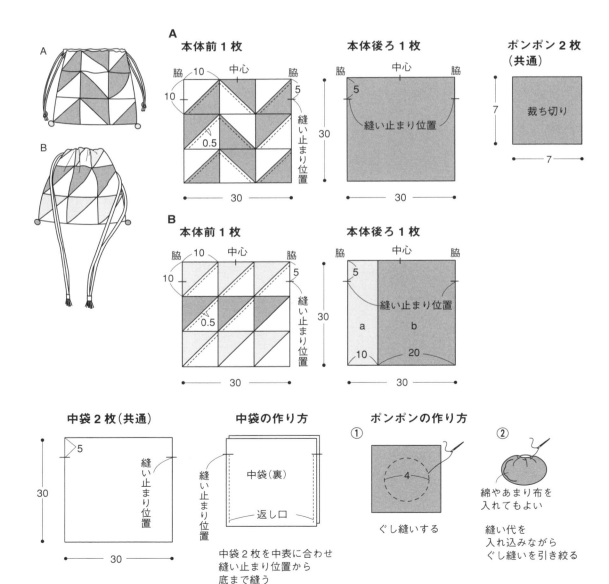

84

作り方

①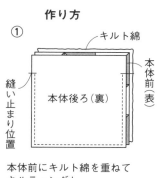

キルト綿

本体後ろ（裏）

本体前（表）

縫い止まり位置

本体前にキルト綿を重ねて
キルティングし
本体後ろを中表に合わせ
縫い止まり位置から
縫い止まり位置まで脇と底を縫う

②

本体（裏）

中袋（裏）

本体と中袋を中表に合わせ
縫い止まり位置から
口を縫い、表に返す

③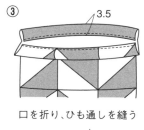

3.5

口を折り、ひも通しを縫う

中袋

折り返した部分と
中袋のみをつまんで
本体前をよけて縫う
返し口をコの字とじ
でとじる

④

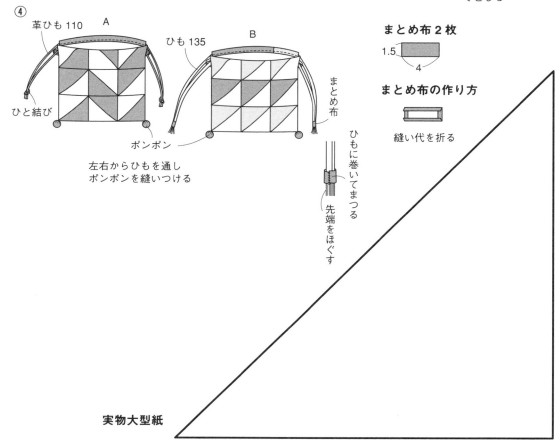

A

革ひも 110

ひと結び

ポンポン

左右からひもを通し
ポンポンを縫いつける

B

ひも 135

まとめ布

ひもに巻いてまつる

先端をほぐす

まとめ布2枚

1.5

4

まとめ布の作り方

縫い代を折る

実物大型紙

■ 材料

A a布（裏布分含む）60×110cm　b布35×60cm
ポンポン用布20×20cm　直径1cmひも240cm
B ピーシング用布4種各適宜　裏布40×40cm
持ち手ひも用布（ポンポン分含む）65×80cm
直径0.5cmひも370cm

■ 作り方のポイント

・ AとBで持ち手のつけ方が違う。
・ 持ち手ひもはループ返しを使うと簡単にひっくり返せる。

■ 作り方

① ピーシングをして本体のトップをまとめる。
② Bは持ち手ひもを作る。
③ 本体のトップと裏布を中表に合わせ、返し口を残して周囲を縫う。Bはこのときに角に持ち手ひもをはさむ。
④ 表に返して返し口をとじる。
⑤ 外表に二つ折りし、縫い止まり位置から輪まで縫う。Bは裏布のみをすくって縫う。本体をたたみ直して同様に縫う。
⑥ Aは口の角部分でひもをはさんで縫う。
⑦ ポンポンを作って、四方に縫いつける。Bはひもの先端にも縫いつける。

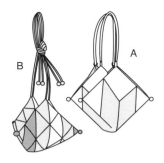

ポンポン
本体用4枚（共通）
B 持ち手用4枚

裁ち切り

←9（本体用）→
←5（持ち手用）→

ポンポンの作り方

①

4（本体）
3.5（持ち手）

ぐし縫いする

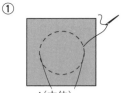

②

綿やあまり布を
入れてもよい

縫い代を入れ込みながら
ぐし縫いを引き絞る

A

本体1枚　ランニングS

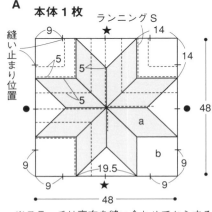

9　14
5
14
5
48
5
a
b
9　19.5　9
9　9
48

裏布1枚

48
48

※ステッチは裏布を縫い合わせてからする

作り方

①

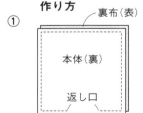

裏布（表）
本体（裏）
返し口

本体と裏布を中表に
合わせ、返し口を残して
周囲を縫う
表に返して返し口を
コの字とじでとじる

②

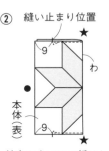

縫い止まり位置
9
わ
本体（表）
9

外表に★で二つ折りし
縫い止まり位置から
輪まで縫う

③

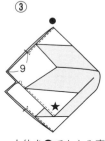

9

本体を●でたたみ直し
②と同じように縫う

④

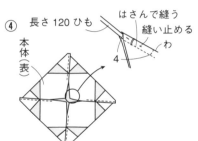

長さ120ひも
はさんで縫う
縫い止める
わ
4
本体（表）

口にひもを
はさんで縫う

⑤

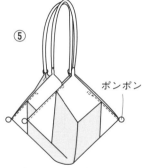

ポンポン

四方にポンポンを
縫いつける

86

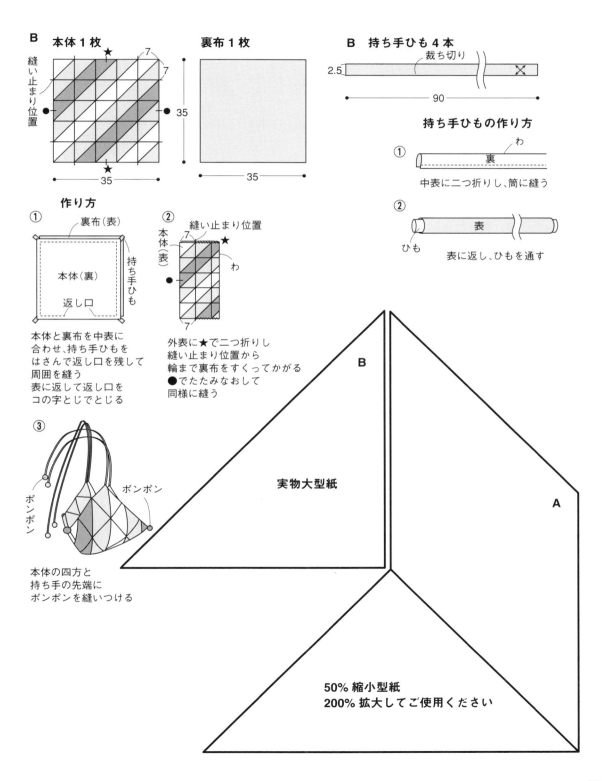

B 本体1枚

★
7
7
縫い止まり位置
●
35
35

裏布1枚

35

B 持ち手ひも4本

2.5
裁ち切り
✕
90

持ち手ひもの作り方

① 裏 わ
中表に二つ折りし、筒に縫う

② 表
ひも
表に返し、ひもを通す

作り方

① 裏布(表)
本体(裏)
返し口
持ち手ひも

本体と裏布を中表に
合わせ、持ち手ひもを
はさんで返し口を残して
周囲を縫う
表に返して返し口を
コの字とじでとじる

② 縫い止まり位置
本体(表)
7
★
わ
●
7

外表に★で二つ折りし
縫い止まり位置から
輪まで裏布をすくってかがる
●でたたみなおして
同様に縫う

③

ポンポン
ポンポン
ポンポン

本体の四方と
持ち手の先端に
ポンポンを縫いつける

B

実物大型紙

A

50% 縮小型紙
200% 拡大してご使用ください

P.26 クラッチ＆オーガンジーバッグ 出来上がり寸法 クラッチ18×30cm バッグ38×36cm

■ 材料（1点分）

クラッチバッグ ピーシング用布各種
ふた用布20×35cm 中袋用布35×65cm
本体後ろ用布、キルト綿各20×35cm
幅5cm持ち手用グログランリボン30cm
直径1.4cmマグネットボタン1組
オーガンジーバッグ 本体用布（オーガンジー）100×65cm

■ 作り方のポイント

• オーガンジーを縫うときは引っかけないように注意する。

■ 作り方

クラッチバッグ
① ピーシングをして、本体前のトップをまとめる。
② ふた以外の本体前にキルト綿を重ね、しつけをかけてキルティングする。
③ 本体後ろと本体前中袋にマグネットボタンをつける。
④ 各パーツを縫い合わせてまとめる。
⑤ 図のようにたたみ、ふたと両脇を縫う。このとき二つ折りした持ち手のリボンをはさむ。
⑥ 表に返して返し口をとじる。

オーガンジーバッグ
① 本体を外表に二つ折りし、両脇を袋縫いする。
② 持ち手を作る。
③ 持ち手をはさんで、本体の口を三つ折りして縫う。

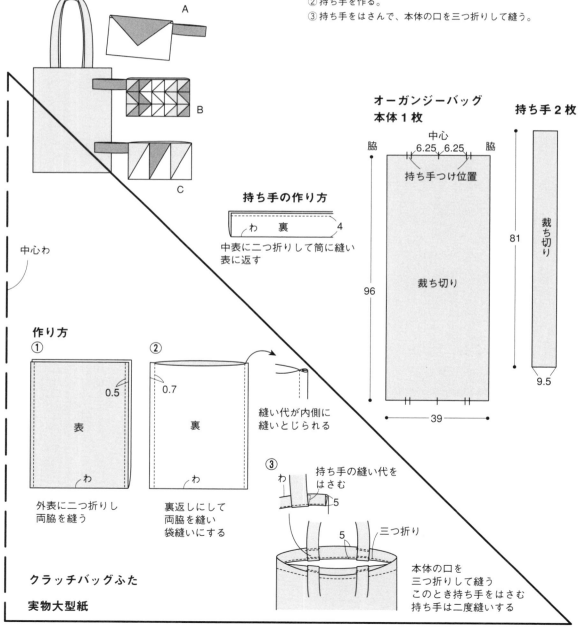

A

B

C

持ち手の作り方

わ　裏　4

中表に二つ折りして筒に縫い
表に返す

オーガンジーバッグ
本体1枚

脇　中心　脇
6.25　6.25
持ち手つけ位置

96

裁ち切り

39

持ち手2枚

裁ち切り

81

9.5

中心わ

作り方

①
0.5
表
わ

外表に二つ折りし
両脇を縫う

②
0.7
裏
わ

裏返しにして
両脇を縫い
袋縫いにする

縫い代が内側に
縫いとじられる

③
わ
持ち手の縫い代を
はさむ
5

5
三つ折り

本体の口を
三つ折りして縫う
このとき持ち手をはさむ
持ち手は二度縫いする

クラッチバッグふた

実物大型紙

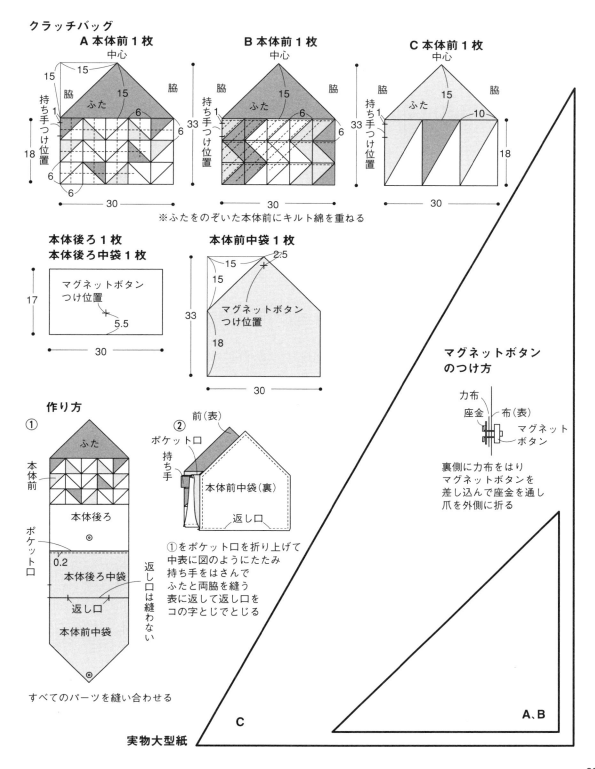

クラッチバッグ

A 本体前 1 枚

中心
15
15
脇　脇
15
ふた
1
6
6
6
6
18
33
6
持ち手つけ位置
30

B 本体前 1 枚

中心
脇　脇
15
持ち手つけ位置
1
6
6
33
6
30

C 本体前 1 枚

中心
脇　脇
15
ふた
10
1
18
持ち手つけ位置
30

※ふたをのぞいた本体前にキルト綿を重ねる

本体後ろ 1 枚
本体後ろ中袋 1 枚

マグネットボタン
つけ位置
17
5.5
30

本体前中袋 1 枚

15　2.5
15
マグネットボタン
つけ位置
33
18
30

マグネットボタンのつけ方

力布
座金　布（表）
マグネット
ボタン

裏側に力布をはり
マグネットボタンを
差し込んで座金を通し
爪を外側に折る

作り方

①
ふた
本体前
本体後ろ
ポケット口
0.2
本体後ろ中袋
返し口
本体前中袋

返し口は縫わない

すべてのパーツを縫い合わせる

②
前（表）
ポケット口
持ち手
本体前中袋（裏）
返し口

①をポケット口を折り上げて
中表に図のようにたたみ
持ち手をはさんで
ふたと両脇を縫う
表に返して返し口を
コの字とじでとじる

実物大型紙

C

A、B

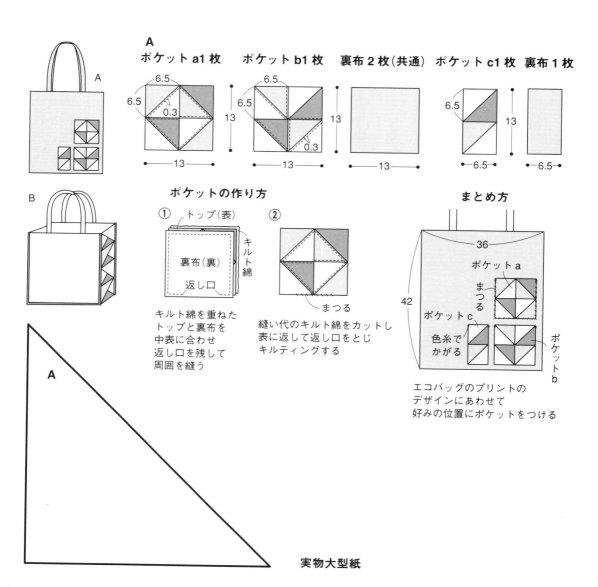

P.28 リメイクエコバッグ

出来上がり寸法　A42×36cm　B38×38cm

■ 材料

A ピーシング用布各種　キルト綿、裏布各20×40cm
エコバッグ1枚（42×36cm）

B ピーシング用布各種　キルト綿、裏布各115×15cm
幅4cmバイヤステープ220cm（作る場合は布30×50cm）
約40×40cmエコバッグ1枚

■ 作り方のポイント

・ Bは使用するエコバッグに合わせてパターンのサイズを
考える。一辺の長さを4等分してパターンのサイズを決
める。エコバッグの縦横の長さが違う場合は、パターン
サイズから調整しやすい方の辺をカットして合わせると
よい。

■ 作り方

A
① ピーシングをしてポケットのトップをまとめる。
② キルト綿にトップを重ね、裏布と中表に合わせ、返し口
を残して周囲を縫う。
③ 表に返して返し口をまつってとじ、キルティングする。
④ エコバッグに縫いつける。

B
① ピーシングをしてマチのトップをまとめる。
② マチのトップと裏布を中表に合わせて両端を縫う。
③ 表に返してキルト綿をはさみ、キルティングする。
④ カットしたエコバッグとマチを外表に合わせて縫う。
⑤ 周囲をパイピングで始末する。

A

ポケットa1枚　　ポケットb1枚　　裏布2枚（共通）　ポケットc1枚　裏布1枚

ポケットの作り方

① キルト綿を重ねた
トップと裏布を
中表に合わせ
返し口を残して
周囲を縫う

② 縫い代のキルト綿をカットし
表に返して返し口をとじ
キルティングする

まとめ方

エコバッグのプリントの
デザインにあわせて
好みの位置にポケットをつける

実物大型紙

90

B
マチ1枚　　マチ裏布1枚

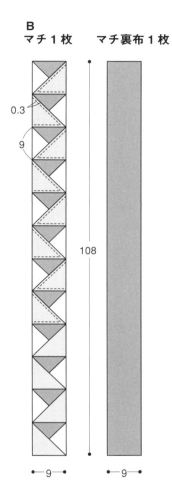

0.3

9

108

●—9—●　　●—9—●

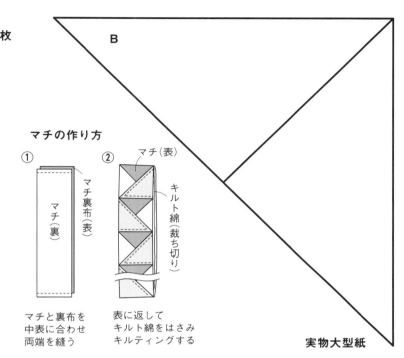

B

実物大型紙

マチの作り方

① マチ裏布（表）／マチ（裏）

マチと裏布を
中表に合わせ
両端を縫う

② マチ（表）／キルト綿（裁ち切り）

表に返して
キルト綿をはさみ
キルティングする

作り方

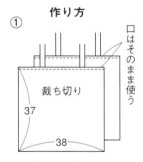

① 口はそのまま使う

裁ち切り

37

38

エコバッグを、できたときに
正方形になるようにカットする

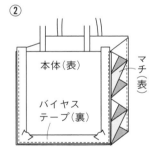

② 本体（表）／バイヤステープ（裏）／マチ（表）

本体とマチを外表に合わせ
パイピング用バイヤステープを
重ねて一緒に縫う

③ 1 パイピング

縫い代をパイピングで
始末する

P.30 ショッピングバッグ

出来上がり寸法　57×39cm（持ち手含む）

■ 材料（1点分）

ポケット用a布 15×45cm
ポケット用b布（裏布分含む）25×45cm
本体用布 65×110cm
好みのひも 50cm

■ 作り方のポイント

・ 脇と口の縫い代は三つ折り、底は袋縫いをする。
・ 本体は口のカーブがバイヤスになるように裁つ。

■ 作り方

① ピーシングをしてポケットをまとめる。
② ポケットと裏布を中表に合わせてひもをはさんで縫う。
③ ポケットを表に返して本体に縫いつける。
④ 本体の口と脇を三つ折りする。
⑤ 本体2枚を中表に合わせて持ち手上部と脇を縫う。
⑥ 脇をたたんで底を袋縫いする。

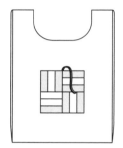

本体 2 枚

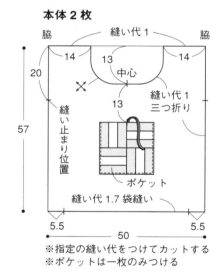

脇　縫い代1　脇
14　13　14
20　中心
縫い止まり位置
57　13　縫い代1 三つ折り
ポケット
縫い代1.7 袋縫い
5.5　50　5.5

※指定の縫い代をつけてカットする
※ポケットは一枚のみつける

ポケット 1 枚　　ポケット 裏布 1 枚

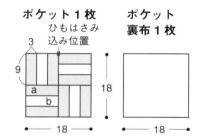

ひもはさみ込み位置
3
9　a　b　18
18　　18

ポケットの作り方

①
ポケット（表）　ひも
ポケット裏布（裏）
返し口

ポケットと裏布を中表に合わせ
ひもをはさんで縫う

②
0.2

表に返して返し口の縫い代を
整え、本体に縫いつける

① **作り方**

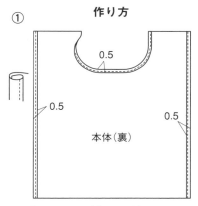

0.5
0.5
0.5
本体（裏）

脇と口を三つ折りして縫う
口のカーブ部分はバイヤスなので
伸ばしながら折るときれいに仕上がる

② 縫い代をわる

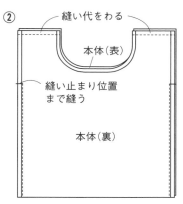

本体（表）
縫い止まり位置
まで縫う
本体（裏）

本体2枚を中表に合わせて
持ち手の上部と脇を縫い止まり位置
まで縫う

③

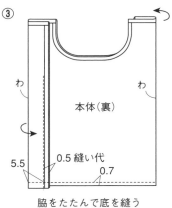

わ
わ
本体（裏）
5.5
0.5 縫い代
0.7

脇をたたんで底を縫う

④

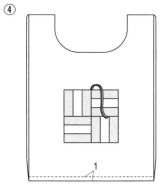

1

表に返して底の縫い代を整え
縫い代1cmで縫って縫い代の端を
中にとじ込める袋縫いにする

実物大型紙

口のカーブ

P.32 丸いアップリケのぺたんこバッグ

出来上がり寸法　大 4.5×54cm　小 26.5×29cm

■ 材料

大　アップリケ用布 25×25cm
本体用布（持ち手分含む）100×75cm
中袋用布（内ポケット分含む）120×60cm
小　アップリケ用布 15×15cm
本体用布（持ち手分含む）40×70cm
中袋用布（内ポケット分含む）35×85cm
共通　タグ用布 5×5cm　25番刺繍糸適宜

■ 作り方のポイント

- ステッチはザクザクとした針目で縫う。

■ 作り方

① 本体にアップリケとステッチをする。
② 持ち手を作る。
③ 内ポケットを作って中袋に縫いつける。
④ 本体2枚を中表に合わせて脇と底を縫う。大はマチを縫う。中袋は返し口を残して同様に縫う。
⑤ 本体に持ち手を仮留めし、中袋を中表に合わせて口を縫う。
⑥ 表に返して返し口をとじ、口をステッチで押さえる。

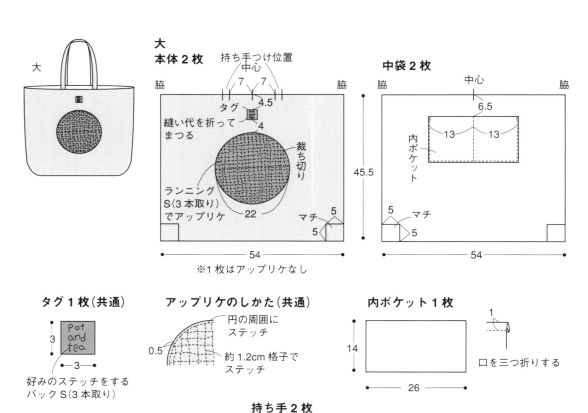

大

**大
本体2枚**

持ち手つけ位置
中心
脇　7　7　脇
4.5
タグ
4
縫い代を折って
まつる
裁ち切り
ランニング
S（3本取り）
でアップリケ
22
マチ 5
5
45.5
54
※1枚はアップリケなし

中袋2枚

脇　中心　脇
6.5
13　13
内ポケット
マチ 5
5
54

タグ1枚（共通）

pot
and
tea
3
3
好みのステッチをする
バックS（3本取り）

アップリケのしかた（共通）

円の周囲に
ステッチ
0.5
約1.2cm格子で
ステッチ

内ポケット1枚

14
26
1
口を三つ折りする

持ち手2枚

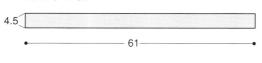

4.5
61

ランニングステッチの刺し方

4入　2入
5出　3出　1出

持ち手の作り方（共通）

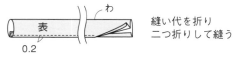

わ
表
0.2
縫い代を折り
二つ折りして縫う

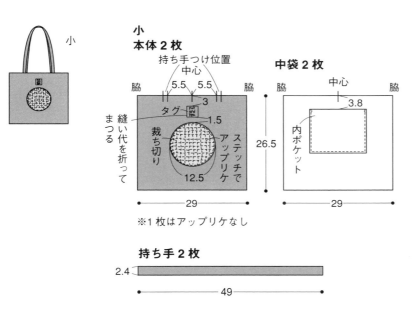

小

本体2枚

持ち手つけ位置
中心

脇 | 5.5 | 5.5 | 脇

3

タグ

1.5

縫い代を折ってまつる

裁ち切り

ステッチでアップリケ

12.5

29

※1枚はアップリケなし

中袋2枚

脇 | 中心 | 脇

3.8

内ポケット

26.5

29

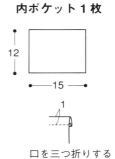

内ポケット1枚

12

15

1

口を三つ折りする

持ち手2枚

2.4

49

作り方（共通）

①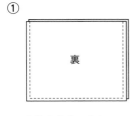

裏

脇

10

本体を中表に合わせ
脇と底を縫う
中袋は底に返し口を
残して同様に縫う

大はマチを縫う

②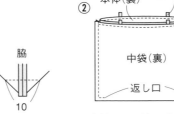

本体（裏） 持ち手

中袋（裏）

返し口

本体の口に持ち手を
仮留めし、中袋を中表に
合わせて縫う

③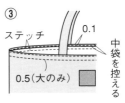

ステッチ

0.1

中袋を控える

0.5（大のみ）

表に返して返し口を
コの字とじでとじ
口をステッチで押さえる

■ 材料

ポケット、ひも用布各種
胸当て用布（ポケット分含む）45×55cm
本体用布60×105cm
ひも用布（ポケット分含む）20×95cm
ポケット裏布20×50cm　直径1cmボタン1個

■ 作り方のポイント

・ ポケットは口側をポケット幅よりせまめにつけて、口に
　たるみを作る。

■ 作り方

① ひもとポケットを作る。
② 胸当てに首ひもをはさんで縫う。
③ 本体にポケットを縫いつける。
④ 本体の周囲を三つ折りして縫う。このとき脇に腰ひもを
　重ねて縫う。
⑤ 本体に胸当てを外表にはさんで縫う。
⑥ 胸当てにボタンをつける。

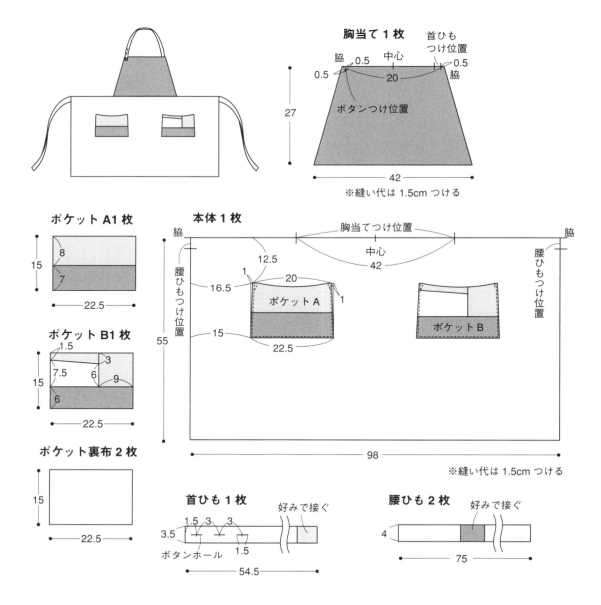

胸当ての作り方

①
出来上がり線
三つ折り

首ひも
裏
0.7

両脇を三つ折りして縫い
次に上を三つ折りして
首ひもをはさみ込む

②
首ひも
裏

首ひもを起こして
上下を縫う

ポケットの作り方

①
ポケット（表）
返し口
裏布（裏）

ポケットと裏布を中表に
合わせ、返し口を残して
周囲を縫う

②
0.1 ステッチ

表に返して
返し口の縫い代を整え
周囲を縫う

首ひも、腰ひもの作り方

①
表
わ
0.2

縫い代を折り、二つ折りして縫う

②
かがる
表

腰ひもの片側の端は
縫い代を折り込んでかがる

作り方

①
出来上がり線
一緒に縫う
本体（裏）
腰ひも

両脇と下辺を三つ折りして縫う
両脇には腰ひもを重ねて縫う

②
腰ひも
本体（裏）
ステッチ

腰ひもを返して
ステッチで押さえる

③
胸当て（裏）
ステッチ
本体（裏）

三つ折り　0.7
腰ひも
本体（裏）
胸当て（表）

本体の上を三つ折りして
胸当てを外表にはさみ込んで縫い
胸当てを起こして、ステッチで押さえる

④
ボタン
胸当て（表）

胸当てにボタンをつける

P.34 花柄パッチワークのスカート

出来上がり寸法　長さ79cm

■ 材料

本体前用布80×110cm　本体後ろ用A布35×110cm

本体後ろ用B布55×110cm

ウエスト始末用布20×110cm

裏布215×80cm　タグ用布10×10cm

4cm幅ゴム75cm　25番刺繍糸適宜

■ 作り方のポイント

- ウエストのタックは、裏布と合わせてたたみ、しつけを
  かける。

■ 作り方

① 本体前、本体後ろを中表に合わせ、両脇を縫う。

② 裏布、ウエスト始末用布を中表に二つ折りし、輪に縫う。

③ 本体と裏布を中表に合わせ、裾を縫う。

④ ウエストにタックを寄せて、本体にウエスト始末用布を
　合わせて縫う。

⑤ ウエスト始末用布を表に返し、ゴムをはさんで本体の表
　側から縫う。

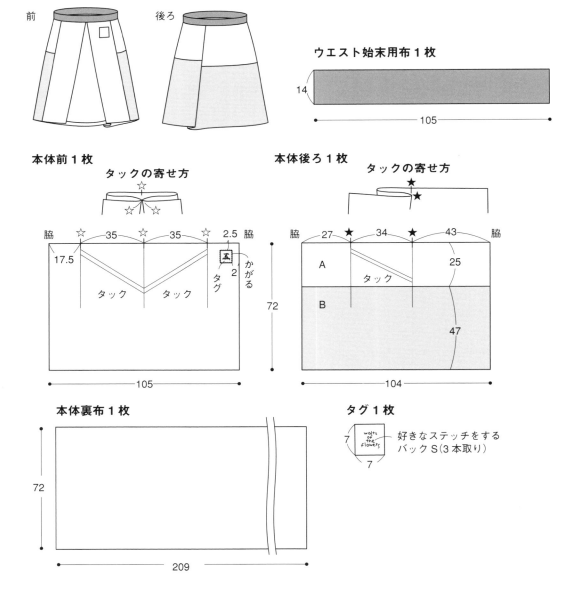

前　　後ろ

ウエスト始末用布1枚

14　　105

本体前1枚

タックの寄せ方

脇　☆　35　☆　35　☆　2.5　脇

17.5　　タック　タック　タグ　2　かがる

105

本体後ろ1枚

タックの寄せ方　★★

脇　27　★　34　★　43　脇

A　　タック　25

B　　47

104

本体裏布1枚

72

209

タグ1枚

7　walts of the flowers　7

好きなステッチをする
バックS（3本取り）

98

本体裏布、ウエスト始末用布の作り方

中表に二つ折りして
輪に縫う

作り方

①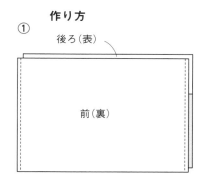

後ろ（表）

前（裏）

本体前と後ろを中表に合わせ
両脇を縫い、本体を作る

②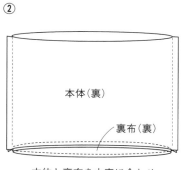

本体（裏）

裏布（裏）

本体と裏布を中表に合わせ
裾を縫い、表に返す

本体前（表）

裏布（表）

0.5 ひかえる

③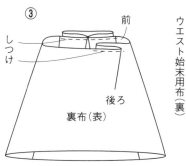

しつけ

前

後ろ

裏布（表）

ウエスト部分にタックを寄せて
しつけをかける

④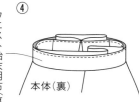

ウエスト始末用布（裏）

本体（裏）

本体とウエスト始末用布を
中表に合わせて縫う

ゴムの端の始末

2

重ねて縫う

⑤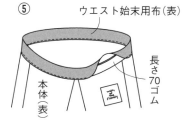

ウエスト始末用布（表）

本体（表）

長さ70
ゴム

ウエスト始末用布を
表に返し、ゴムをはさんで
表側から縫い代を折って縫う

◢ P.35 花柄のミニストール

出来上がり寸法　107×16cm

■ 材料
表布、パイピング用布、丸飾り用布、タグ用布各適宜
裏布20×110cm　25番刺繍糸、手芸綿各適宜

■ 作り方のポイント
・ 裁ち切りのまま縫う。

■ 作り方
① 裏布に表布を順番に重ねてかがる。
② 周囲をパイピングで始末する。
③ 丸飾りを作り、四方に縫いつける。

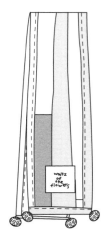

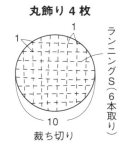

丸飾り4枚

ランニングS（6本取り）

裁ち切り

丸飾りの作り方

① 周囲をぐし縫いする

② 綿

綿を詰めながら
ぐし縫いを引き絞る

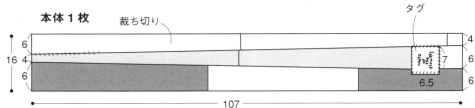

本体1枚

裁ち切り

タグ

裏布1枚

裁ち切り

タグ1枚

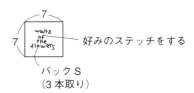

好みのステッチをする

バックS
（3本取り）

作り方

①

裏布（裏）　3本取り

かがる

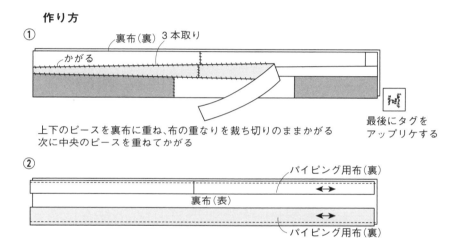

最後にタグを
アップリケする

上下のピースを裏布に重ね、布の重なりを裁ち切りのままかがる
次に中央のピースを重ねてかがる

②

パイピング用布（裏）

裏布（表）

パイピング用布（裏）

裏布にパイピング用布を中表に重ねて縫う

③

パイピング用布（表）　ランニングS（3本取り）

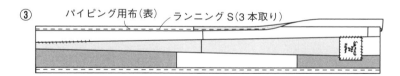

パイピング用布を表に返し、縫い代を折り込んでステッチする

④

丸飾り

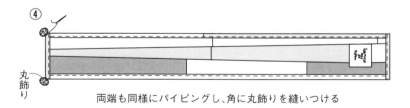

両端も同様にパイピングし、角に丸飾りを縫いつける

P.36 花のアップリケのふかふかバッグ

出来上がり寸法　36×40cm

■ 材料

ピーシング、アップリケ用布各種
本体後ろ用布（持ち手、縁始末、タグ分含む）75×110cm
中袋用布（内ポケット分含む）40×100cm　裏布45×90cm
手芸綿、25番刺繍糸各適宜

■ 作り方のポイント

- アップリケや持ち手をかがるときは、ザクザクと大きな
  針目で縫う。
- 本体前のトップと裏布の間には、全体に綿をふんわりと
  詰める。キルト綿を3、4枚重ねて厚みを出してもよい。
- 本体後ろの裏布は厚手のやわらかい布を使って少し厚み
  をだすかやわらかい芯や薄手キルト綿を重ねてもよい。

■ 作り方

① アップリケ、ピーシングをして本体前のトップをまとめ
　る。本体後ろは一枚布。
② 本体前と後ろに裏布を重ねて外表に合わせ、周囲を縫う。
③ 本体前に綿を詰める。
④ 脇と底を縁始末用布でパイピングして始末する。
⑤ 内ポケットを作って中袋に縫いつける。
⑥ 持ち手と中袋を作る。
⑦ 本体と中袋を合わせ、口の縁始末布でパイピングして
　始末する。
⑧ 持ち手を縫いつける。

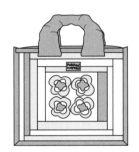

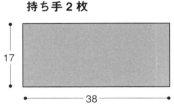

持ち手2枚

17 / 38

タグ1枚

3 / 4.8

好きなステッチをする
バックS（3本取り）

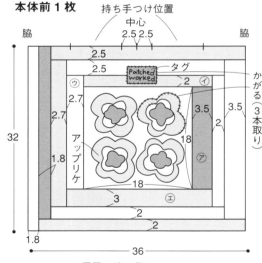

本体前1枚

持ち手つけ位置
中心
2.5 2.5
脇　脇
2.5
2.5
タグ
2
ウ
2.7
2.7
かがる（3本取り）
3.5
3.5
2
32
1.8
アップリケ
18
エ
18
3
2
2
1.8
36

※周囲の縫い代は2cmつける

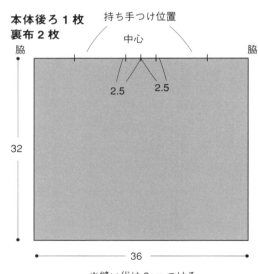

本体後ろ1枚
裏布2枚

持ち手つけ位置
中心
脇　脇
2.5　2.5
32
36

※縫い代は2cmつける

本体の縫い方

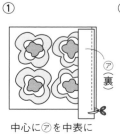

①

ア（裏）

中心にアを中表に
重ねて縫い
余分をカットする

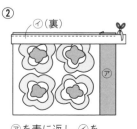

②

イ（裏）

ア

アを表に返し、イを
中表に重ねて同様に縫う

③

ウエとぐるぐる帯状の布を
周囲に縫いつけていくことを
繰り返す

持ち手の作り方

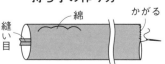

綿
かがる
縫い目

中表に二つ折りして輪に縫い
表に返して縫い目を中心にし
綿を詰めて両端の縫い代を
折り込んでかがる

中袋2枚

中心

脇　　　　　　　　　　　脇

7.5

内ポケット

32

36

内ポケット1枚

23

17

内ポケットの作り方

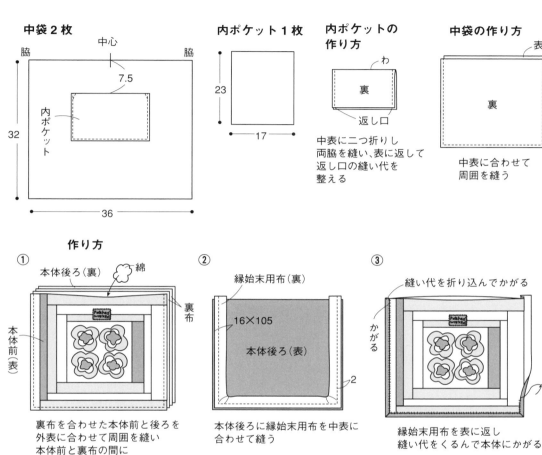

わ

裏

返し口

中表に二つ折りし
両脇を縫い、表に返して
返し口の縫い代を
整える

中袋の作り方

表

裏

中表に合わせて
周囲を縫う

作り方

① 本体後ろ（裏）　綿　　裏布

本体前（表）

裏布を合わせた本体前と後ろを
外表に合わせて周囲を縫い
本体前と裏布の間に
ふかふかするくらい綿を詰める

② 縁始末用布（裏）

16×105

本体後ろ（表）

2

本体後ろに縁始末用布を中表に
合わせて縫う

③ 縫い代を折り込んでかがる

かがる

縁始末用布を表に返し
縫い代をくるんで本体にかがる

④ 本体後ろ（表）　縁始末用布（裏）

2

端は折る

中袋（表）

16×40

本体の内側を表にして
中袋を合わせ
縁始末用布を中表に重ねて縫う

⑤ 縁始末用布（表）

かがる　　　　　　　　かがる

縫い代をくるみ、縁始末用布を
表に返して本体にかがる
両端は、両脇の縁始末用布に
かがる

⑥ 持ち手

持ち手の裏側と本体も縫い止める

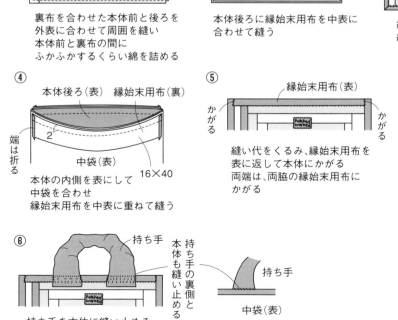

持ち手を本体に縫い止める

持ち手

中袋（表）

80% 縮小型紙
125% に拡大してご使用ください

P.37　フラワーパターンのミニバッグ

出来上がり寸法　A19.5×19.5cm　B24×24cm

■ **材料（1点分）**

ピーシング用布各種
本体後ろ用布（持ち手分含む）35×35cm（A）、40×35cm（B）
中袋用布25×45cm（A）、30×55cm（B）

■ **作り方のポイント**

・ Bのログキャビンのパターンの縫い方は78ページ参照。

■ **作り方**

① ピーシングをして本体前をまとめる。本体後ろは一枚布。
② 本体前と後ろを中表に合わせて脇と底を縫う。
③ 中袋2枚を中表に合わせて返し口を残して脇と底を縫う。
④ 持ち手を作り、本体の口に仮留めする。
⑤ 本体と中袋を中表に合わせて口を縫う。
⑥ 表に返して返し口をとじ、口にステッチをする。

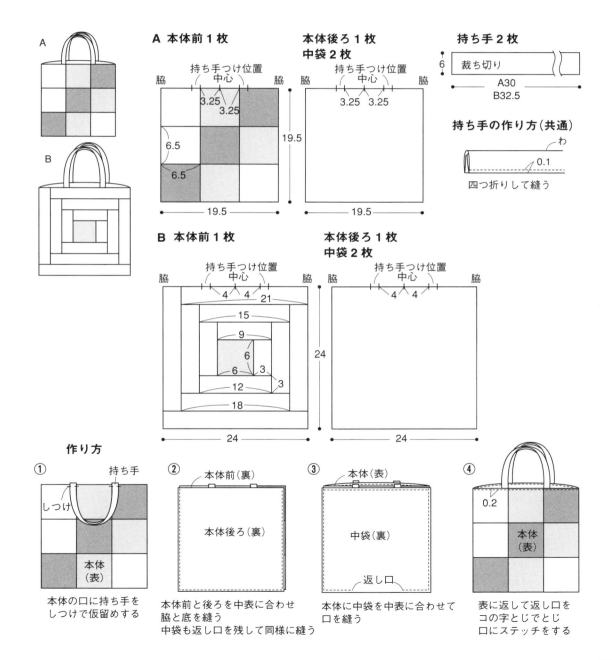

A 本体前 1枚

持ち手つけ位置
脇　中心　脇
3.25
3.25
6.5
6.5
19.5
19.5

A 本体後ろ 1枚 中袋 2枚

持ち手つけ位置
脇　中心　脇
3.25　3.25
19.5

持ち手 2枚

6
裁ち切り
A30
B32.5

持ち手の作り方（共通）

わ
0.1
四つ折りして縫う

B 本体前 1枚

持ち手つけ位置
脇　中心　脇
4　4　21
15
9
6
6　3
12　3
18
24
24

B 本体後ろ 1枚 中袋 2枚

持ち手つけ位置
脇　中心　脇
4　4
24
24

作り方

① 持ち手 しつけ
本体（表）
本体の口に持ち手を
しつけで仮留めする

② 本体前（裏）
本体後ろ（裏）
本体前と後ろを中表に合わせ
脇と底を縫う
中袋も返し口を残して同様に縫う

③ 本体（表）
中袋（裏）
返し口
本体に中袋を中表に合わせて
口を縫う

④ 0.2
本体（表）
表に返して返し口を
コの字とじでとじ
口にステッチをする

■ 材料

A　アップリケ用布各種
本体用布（持ち手分含む）55×35cm　中袋用布45×30cm
直径1cmスナップ1組　直径0.3cmビーズ8個
25番刺繍糸適宜
B、C　アップリケ用布各種
本体用布（持ち手分含む）30×55cm
直径0.2cmビーズ7個（B）　直径03.cmビーズ8個（C）
25番刺繍糸適宜

■ 作り方のポイント

• アップリケはすべて裁ち切りの布を刺繍糸でストレート
　ステッチの要領で縫い止める。

■ 作り方

A
① 本体にアップリケと刺繍をし、ビーズをつける。
② 持ち手を作る。
③ 本体を中表に二つ折りし、両脇を縫う。中袋も同様に縫う。
④ 本体に持ち手を仮留めし、中袋を入れて口を縫う。
⑤ 両脇の内側にスナップをつける。

B、C
① 本体にアップリケと刺繍をし、ビーズをつける。
② 持ち手を作る。
③ 本体の口に持ち手をはさみ込んで縫う。
④ 本体2枚を中表に合わせて周囲を縫う。

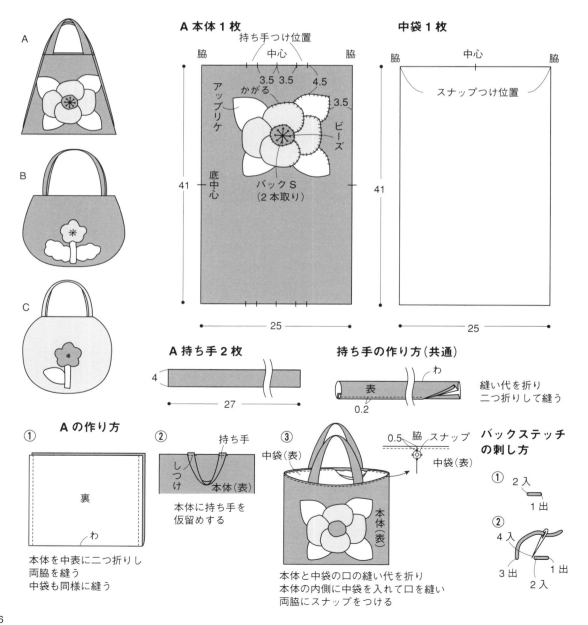

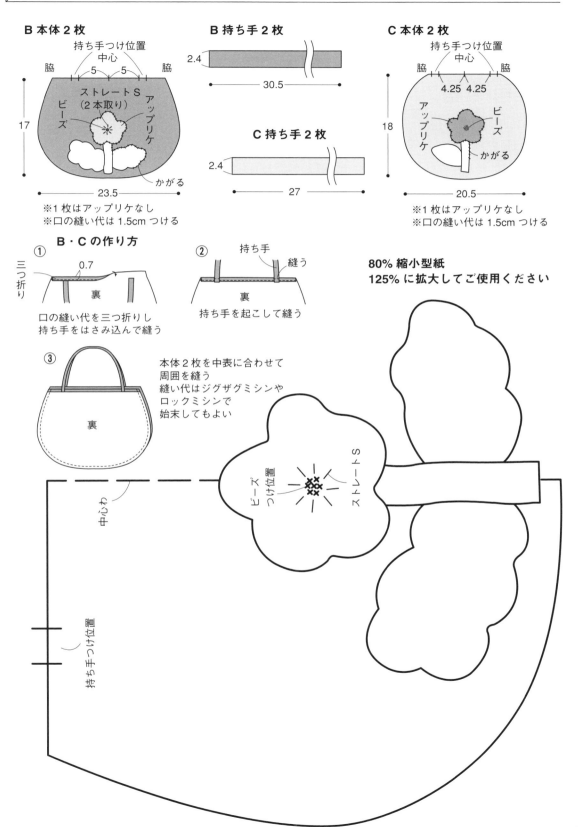

B 本体 2 枚

持ち手つけ位置
中心
脇　5　5　脇

ストレート S
（2 本取り）
ビーズ
アップリケ

17

かがる

23.5

※1 枚はアップリケなし
※口の縫い代は 1.5cm つける

B 持ち手 2 枚

2.4

30.5

C 持ち手 2 枚

2.4

27

C 本体 2 枚

持ち手つけ位置
中心
脇　4.25　4.25　脇

アップリケ
ビーズ

18

かがる

20.5

※1 枚はアップリケなし
※口の縫い代は 1.5cm つける

B・C の作り方

① 0.7
三つ折り
裏

口の縫い代を三つ折りし
持ち手をはさみ込んで縫う

② 持ち手
縫う
裏

持ち手を起こして縫う

③
裏

本体 2 枚を中表に合わせて
周囲を縫う
縫い代はジグザグミシンや
ロックミシンで
始末してもよい

80% 縮小型紙
125% に拡大してご使用ください

中心わ

持ち手つけ位置

ビーズつけ位置

ストレート S

107

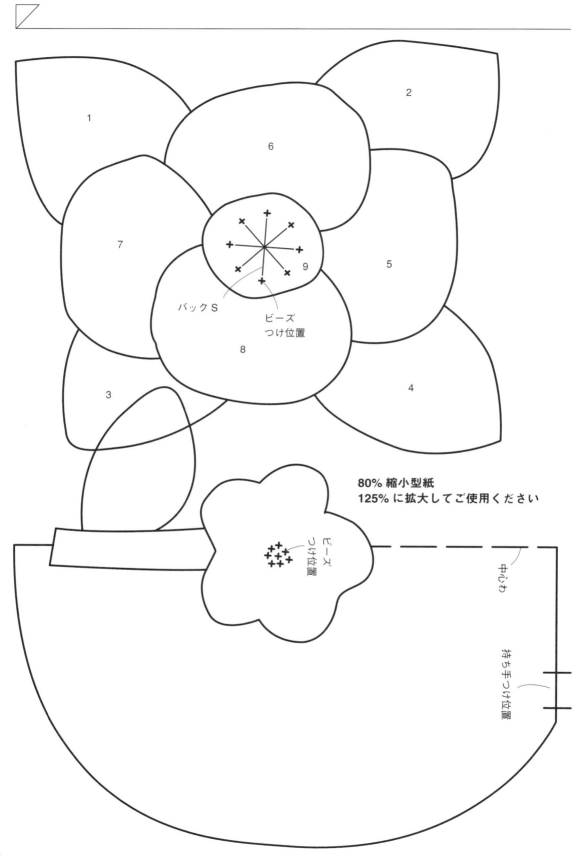

80% 縮小型紙
125% に拡大してご使用ください

バックS

ビーズ
つけ位置

ビーズつけ位置

中心わ

持ち手つけ位置

1

2

6

7

9

5

3

8

4

■ 材料（1点分）

アップリケ用布 40×40cm
本体用布（足し布分含む）55×45cm
中袋用布（バイヤステープ分含む）55×65cm
長さ32cmファスナー1本　両面接着シート適宜

■ 作り方のポイント

- アップリケ布の裏に両面接着シートをはり、裁ち切りでカットする。両面接着シートの剥離紙をはがして裁ち切りのまま本体にアイロンで接着する。
- 実物大型紙は111ページに掲載。

■ 作り方

① アップリケとステッチをして本体をまとめる。
② ファスナーの両端に足し布を縫いつける。
③ 本体と中袋を中表に合わせてファスナーをはさんで縫い、口にファスナーをつける。
④ 表に返して折りなおし、両脇を縫う。
⑤ 縫い代をバイヤステープでくるんで始末する。

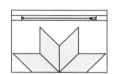

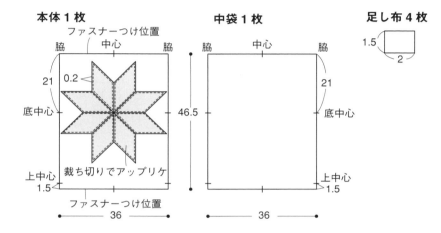

本体 1 枚
ファスナーつけ位置
脇　中心　脇
21
0.2
底中心
裁ち切りでアップリケ
1.5　上中心
ファスナーつけ位置
36

中袋 1 枚
脇　中心　脇
21
46.5
底中心
上中心　1.5
36

足し布 4 枚
1.5
2

ファスナーの作り方

裏　表

ファスナーの両端を足し布で中表にはさんで縫い、表に返す

作り方

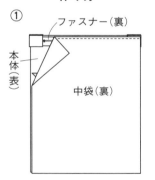

①
ファスナー（裏）
本体（表）
中袋（裏）

本体と中袋を中表に合わせてファスナーをはさんで縫う

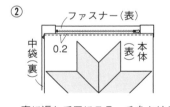

②
ファスナー（表）
中袋（裏）　0.2　本体（表）

表に返して口にステッチをかける

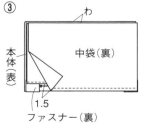

③
わ
本体（表）
中袋（裏）
1.5
ファスナー（裏）

もう片方の口も同様にファスナーをはさんで中表に合わせて縫い
表に返して口にステッチをかける

④　上中心　ファスナー（裏）
ファスナーをあけておく
中袋（表）　わ

本体と中袋を重ねて上中心で折って整え、両脇を縫う
縫い代をバイヤステープでくるんで始末する

P.40 レモンスターのバッグ

出来上がり寸法　41×55cm

■ 材料（1点分）
アップリケ用布40×40cm
本体用布（持ち手、ひも分含む）120×60cm
中袋用布90×60cm
両面接着シート適宜

■ 作り方のポイント
・ アップリケ布の裏に両面接着シートをはり、裁ち切りで
　カットする。両面接着シートの剥離紙をはがして裁ち切
　りのまま本体にアイロンで接着する。

■ 作り方
① アップリケとステッチをして本体をまとめる。
② ひもを作り、本体の口に仮留めする。
③ 本体を中表に合わせて脇を縫う。
④ 中袋を中表に合わせて返し口を残して脇を縫う。
⑤ 本体と中袋を中表に合わせて口を縫う。
⑥ 表に返して返し口をとじる。
⑦ 持ち手を作り、本体の脇に重ねて縫う。

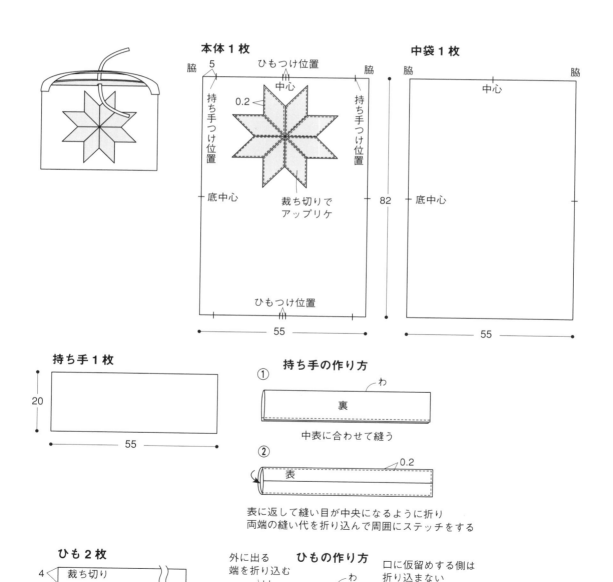

本体1枚

脇　5　ひもつけ位置　脇
中心
0.2
持ち手つけ位置
持ち手つけ位置
底中心
裁ち切りで
アップリケ
ひもつけ位置
82
55

中袋1枚

脇　中心　脇
底中心
82
55

持ち手1枚
20
55

持ち手の作り方
① わ　裏
中表に合わせて縫う
② 0.2　表
表に返して縫い目が中央になるように折り
両端の縫い代を折り込んで周囲にステッチをする

ひも2枚
4　裁ち切り
22

ひもの作り方
外に出る端を折り込む
わ　0.1
口に仮留めする側は折り込まない
四つ折りして縫う

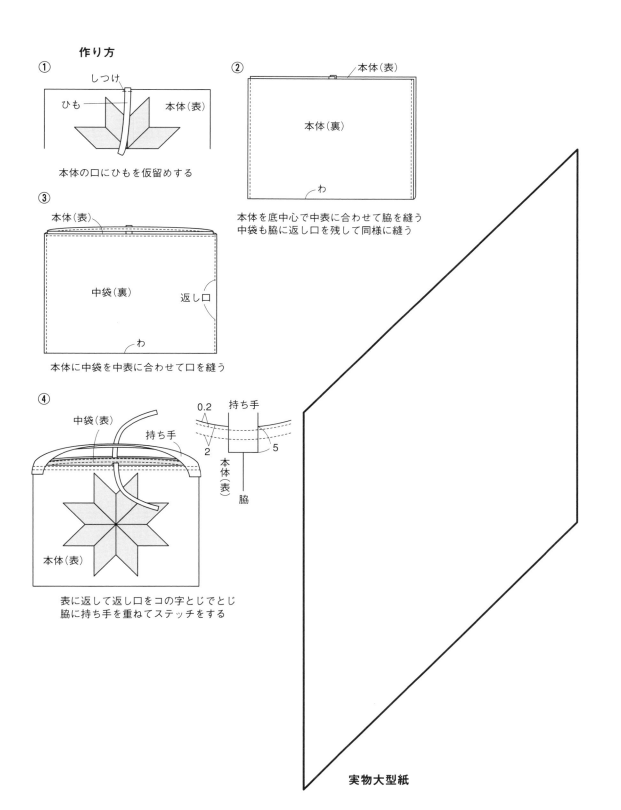

作り方

① しつけ
ひも　本体(表)

本体の口にひもを仮留めする

② 本体(表)
本体(裏)
わ

本体を底中心で中表に合わせて脇を縫う
中袋も脇に返し口を残して同様に縫う

③ 本体(表)
中袋(裏)　返し口
わ

本体に中袋を中表に合わせて口を縫う

④ 中袋(表)　持ち手
本体(表)

0.2　持ち手
2　5
本体(表)　脇

表に返して返し口をコの字とじでとじ
脇に持ち手を重ねてステッチをする

実物大型紙

■ **材料**

アップリケ用布各種　本体用布（ファスナーマチ、足し布、底、パイピングテープ、持ち手分含む）60×110cm
裏打ち布（ファスナーマチ裏布、持ち手裏布、縫い代始末用テープ分含む）30×110cm　キルト綿25×110cm
長さ45cmファスナー1本　直径0.5cmひも200cm

■ **作り方のポイント**

• 本体とマチを縫い合わせるときファスナーをあけておく。
• 縫い代始末用のテープは幅4.5cm（裁ち切り）を必要な長さで布目に沿ってカットする。
• アップリケは花びら部分を縫い合わせてから本体にまつり、中心をアップリケする。

■ **作り方**

① ピーシング、アップリケをして本体前のトップをまとめる。本体後ろは一枚布。
② 裏打ち布、キルト綿に本体、底、足し布のトップを重ね、しつけをかけてキルティングする。持ち手はキルト綿のみを重ねてキルティングする。
③ パイピングテープと持ち手を作る。
④ ファスナーマチにファスナーをつける。
⑤ ファスナーマチ、パイピングテープ、持ち手、足し布を合わせて縫い、底と縫ってマチを作る。
⑥ 本体とマチを中表に合わせて縫い、縫い代をテープでくるんで始末する。

足し布2枚

底1枚

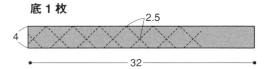

本体前1枚

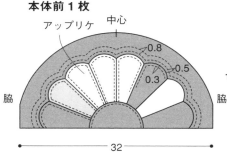

本体後ろ1枚

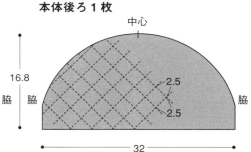

ファスナーマチ2枚　ファスナーマチ裏布2枚

1.3 ————— 45 —————

パイピングテープ
足し布用4本
ファスナーマチ用2本
底用2本

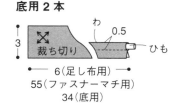

3　裁ち切り
6（足し布用）
55（ファスナーマチ用）
34（底用）

持ち手表布1枚

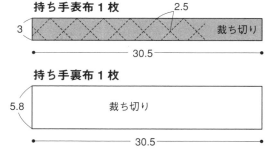

2.5
3　　　　裁ち切り
30.5

持ち手裏布1枚

5.8　裁ち切り
30.5

持ち手の作り方

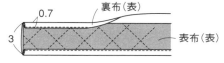

0.7　裏布（表）
3　　　表布（表）

表布と裏布を外表に重ね
表布の端を裏布でくるんで縫う

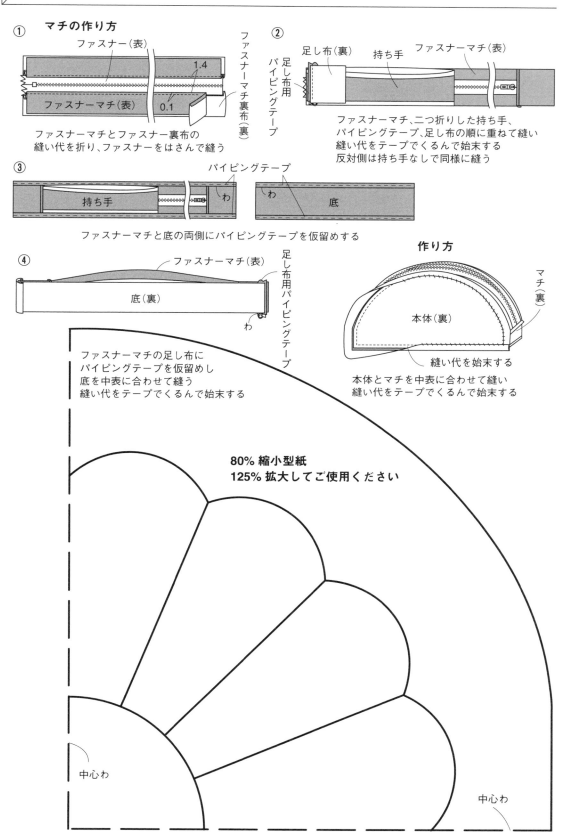

① **マチの作り方**

ファスナー（表）
1.4
ファスナーマチ（表）
0.1
ファスナーマチ裏布（裏）
ファスナーマチ裏布

ファスナーマチとファスナー裏布の
縫い代を折り、ファスナーをはさんで縫う

② 足し布（裏）　持ち手　ファスナーマチ（表）
足し布用パイピングテープ

ファスナーマチ、二つ折りした持ち手、
パイピングテープ、足し布の順に重ねて縫い
縫い代をテープでくるんで始末する
反対側は持ち手なしで同様に縫う

③ パイピングテープ
持ち手　　　　　わ
わ　　底

ファスナーマチと底の両側にパイピングテープを仮留めする

④ ファスナーマチ（表）
足し布用パイピングテープ
底（裏）
わ

ファスナーマチの足し布に
パイピングテープを仮留めし
底を中表に合わせて縫う
縫い代をテープでくるんで始末する

作り方

マチ（裏）
本体（裏）
縫い代を始末する

本体とマチを中表に合わせて縫い
縫い代をテープでくるんで始末する

80% 縮小型紙
125% 拡大してご使用ください

中心わ

中心わ

■ 材料
アップリケ用布各種　本体用布（ファスナーマチ、足し布、底マチ、パイピングテープ、持ち手分含む）40×110cm
裏打ち布（ファスナーマチ裏布、バイヤステープ分含む）
40×110cm　キルト綿30×80cm
長さ25cmファスナー1本　直径0.5cmひも200cm

■ 作り方のポイント
• 本体とマチを縫い合わせるときファスナーはあけておく。
• アップリケはピース同士を縫い合わせてまとめてから本体にまつる。
• 縫い代始末用のバイヤステープは幅4cm（裁ち切り）で必要な長さでバイヤスにカットする。

■ 作り方
① ピーシング、アップリケをして本体前のトップをまとめる。本体後ろは一枚布。
② 裏打ち布、キルト綿に本体、底マチ、足し布のトップを重ね、しつけをかけてキルティングする。
③ パイピングテープと持ち手を作る。
④ ファスナーマチにファスナーをつける。
⑤ 底マチを作る。
⑥ ファスナーマチ、パイピングテープ、持ち手、足し布を合わせて縫い、底マチと縫い合わせてマチを作る。
⑦ 本体とマチを中表に合わせて縫い、縫い代をバイヤステープでくるんで始末する。

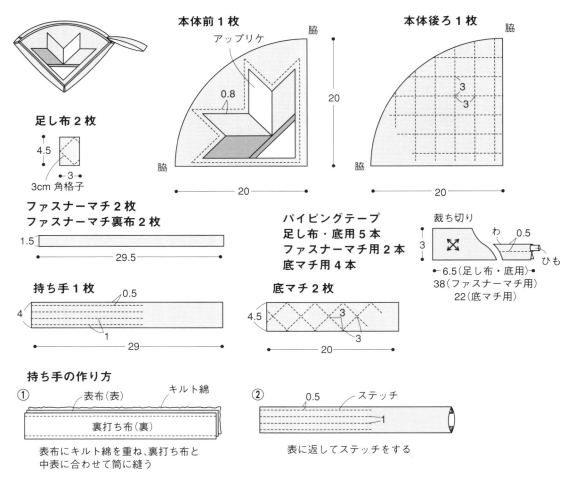

本体前 1 枚
アップリケ
脇
0.8
20
脇
20

本体後ろ 1 枚
脇
3
3
脇
20

足し布 2 枚
4.5
3
3cm 角格子

ファスナーマチ 2 枚
ファスナーマチ裏布 2 枚
1.5
29.5

パイピングテープ
足し布・底用 5 本
ファスナーマチ用 2 本
底マチ用 4 本

裁ち切り
わ　0.5
3
ひも
6.5（足し布・底用）
38（ファスナーマチ用）
22（底マチ用）

持ち手 1 枚
0.5
4
1
29

底マチ 2 枚
4.5
3
3
20

持ち手の作り方
① 表布（表）　キルト綿
裏打ち布（裏）
表布にキルト綿を重ね、裏打ち布と中表に合わせて筒に縫う

② 0.5　ステッチ
1
表に返してステッチをする

底マチの作り方

① わ
底マチの両側にパイピングテープを仮留めする

② 底マチ（表）
底用パイピングテープ
底マチ（裏）
わ
片方の底マチに底用パイピングテープを仮留めし、もう1枚の底マチを中表に合わせて一緒に縫う

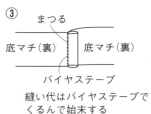

③ まつる
底マチ（裏）　底マチ（裏）
バイヤステープ
縫い代はバイヤステープでくるんで始末する

① **マチの作り方**

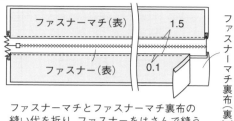

ファスナーマチとファスナーマチ裏布の
縫い代を折り、ファスナーをはさんで縫う

②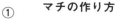

ファスナーマチ、二つ折りした持ち手、
パイピングテープ、足し布の順に重ねて縫い
縫い代をバイヤステープでくるんで始末する
反対側は持ち手なしで同様に縫う

③

ファスナーマチの両側にパイピングテープを仮留めする

④

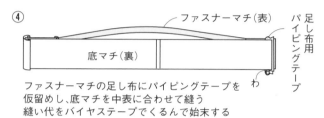

ファスナーマチの足し布にパイピングテープを
仮留めし、底マチを中表に合わせて縫う
縫い代をバイヤステープでくるんで始末する

作り方

①

50% 縮小型紙
200% 拡大してご使用ください

本体とマチを中表に合わせて縫う

②

縫い代をバイヤステープで
くるんで始末する

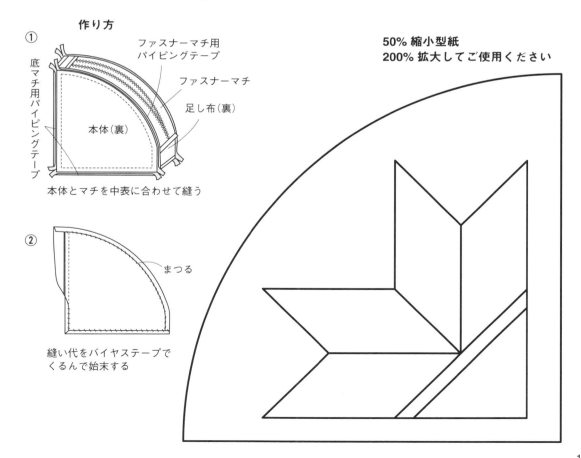

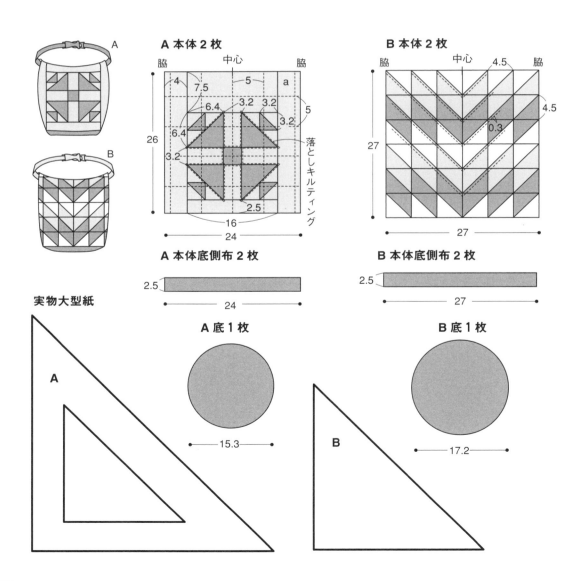

P.43 ロールトップポーチ

出来上がり寸法　A28.5×24cm　B29.5×27cm

■ 材料（1点分）

ピーシング用布適宜　本体a用布35×35cm（A）
底用布（本体底側布、バイヤステープ分含む）45×40cm
キルト綿30×60cm
裏打ち布（バイヤステープ分含む）35×80cm
幅2cmナイロンテープ80cm（A）・95cm（B）
幅2cmバックル1個

■ 作り方のポイント

- 底と本体底側布はキャンバス地など厚手の布を使い、裏布をつけずに作る。
- 本体2枚を縫い合わせる前に、本体の口にバックルを通しながらテープを縫いつける。
- 脇の縫い代を始末するときは、本体底側と本体をそれぞれ分けて布を合わせてくるむとよりきれい。

■ 作り方

① ピーシングをして本体のトップをまとめる。
② キルト綿を重ねたトップと裏打ち布を中表に合わせ、本体底側布をはさんで縫う。
③ 表に返してトップと裏打ち布の口の縫い代を折り、突き合わせてコの字とじでとじる。
④ しつけをかけてキルティングする。
⑤ 本体後ろ中心からテープを縫いつけ始め、バックルを通して前、後ろと順に縫いつける。
⑥ 本体を中表に合わせて両脇を縫う。
⑦ 縫い代をバイヤステープでくるんで始末する。
⑧ 本体と底を中表に合わせて縫い、縫い代をバイヤステープでくるんで始末する。

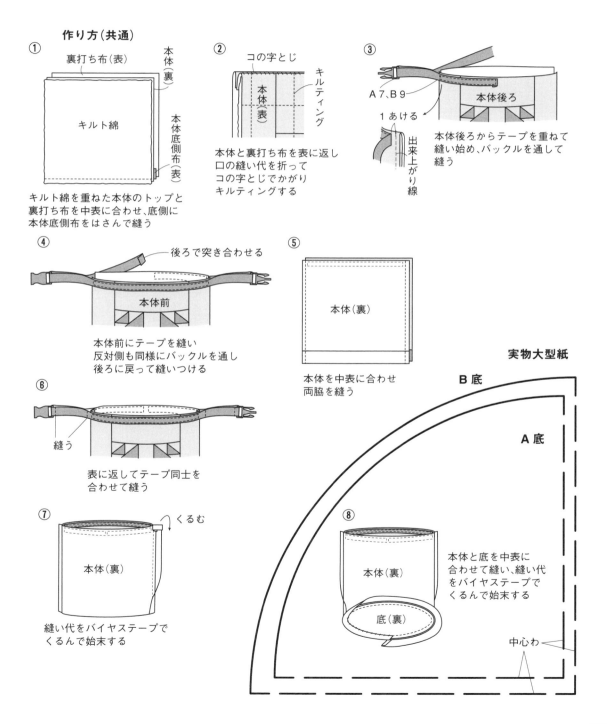

作り方（共通）

① 裏打ち布（表）　本体（裏）　本体底側布（表）

キルト綿

キルト綿を重ねた本体のトップと
裏打ち布を中表に合わせ、底側に
本体底側布をはさんで縫う

② コの字とじ　キルティング

本体（表）

本体と裏打ち布を表に返し
口の縫い代を折って
コの字とじでかがり
キルティングする

③ Ａ7、Ｂ9　本体後ろ
1あける　出来上がり線

本体後ろからテープを重ねて
縫い始め、バックルを通して
縫う

④ 後ろで突き合わせる

本体前

本体前にテープを縫い
反対側も同様にバックルを通し
後ろに戻って縫いつける

⑤ 本体（裏）

本体を中表に合わせ
両脇を縫う

⑥ 縫う

表に返してテープ同士を
合わせて縫う

⑦ くるむ

本体（裏）

縫い代をバイヤステープで
くるんで始末する

⑧ 本体（裏）　底（裏）

本体と底を中表に
合わせて縫い、縫い代
をバイヤステープで
くるんで始末する

実物大型紙

Ｂ 底

Ａ 底

中心わ

P.44 ミニチュアベッドカバー

出来上がり寸法　49×52cm

■ 材料

ピーシング用布各種　ボーダー用布55×35cm
キルト綿、裏打ち布各55×60cm

■ 作り方のポイント

• 長方形の布をピーシングして、好きな位置で40cm角に
　カットする。

■ 作り方

① ピーシングをしてトップをまとめる。
② 裏打ち布、キルト綿にトップを重ね、しつけをかけてキ
　ルティングする。
③ トップと裏打ち布の周囲の縫い代を折り、突き合わせて
　コの字とじでかがる。

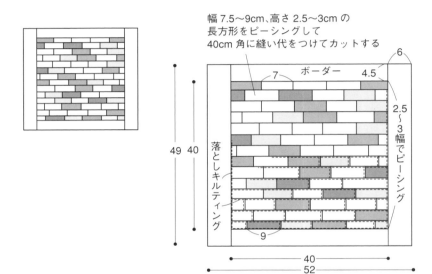

幅7.5〜9cm、高さ2.5〜3cmの
長方形をピーシングして
40cm角に縫い代をつけてカットする

ボーダー

7　　4.5　　6

2.5〜3幅でピーシング

落としキルティング

9

49　40

40
52

作り方

①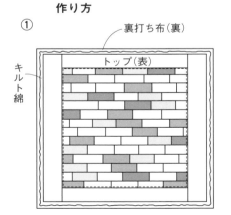

裏打ち布（裏）

トップ（表）

キルト綿

裏打ち布、キルト綿にトップを重ねて
キルティングする

②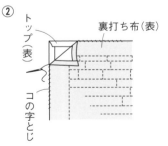

トップ（表）

裏打ち布（表）

コの字とじ

トップと裏打ち布の
縫い代を折り、突き合わせて
コの字とじでかがる

■ 材料

本体用布3種各15×85cm　底用布（本体用布1種、本体A・底裏打ち布、底バイヤステープ分含む）40×110cm
本体B裏打ち布（本体テープ分含む）25×60cm
太糸適宜

■ 作り方のポイント

・ 縫い代始末用のテープは柄に合わせて布目かバイヤスかを決めてカットする。

■ 作り方

① ピーシングをして本体のトップをまとめる。底のトップは一枚布。
② 裏打ち布にキルト綿を重ね、本体のトップと外表に合わせて口側の縫い代を折り込み、コの字とじでかがる。
③ 本体をキルティングする。
④ 裏打ち布、キルト綿に底のトップを合わせ、しつけをかけてステッチをする。
⑤ 本体A、Bを中表に合わせて輪に縫い、縫い代をテープでくるんで始末する。
⑥ 本体と底を中表に合わせて縫い、縫い代をバイヤステープでくるんで始末する。

本体 A2 枚

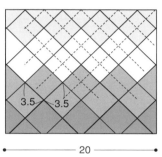

3.5　3.5
17
20

本体 B2 枚

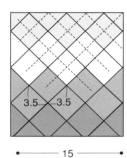

3.5　3.5
17
15

底 1 枚　ストレートS

15
20

ストレートステッチの刺し方

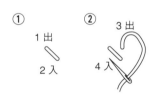

① 1出　2入
② 3出　4入

本体の作り方

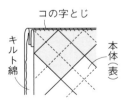

コの字とじ
キルト綿
本体（表）

本体と裏打ち布を外表に合わせ
口の縫い代を折って
コの字とじでかがり
キルティングする

仕立て方

①

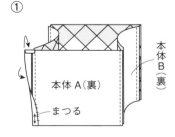

本体B（裏）
本体A（裏）
まつる

本体AとBを中表に合わせて
輪に縫い、縫い代を
テープでくるんで始末する

②

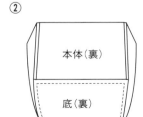

本体（裏）
底（裏）

本体と底を中表に合わせて縫い
縫い代をバイヤステープで
くるんで始末する

■ 材料
ピーシング用布各種　a布 100×110cm
b布 60×110cm　パイピング用布 55×85cm
太糸適宜

■ 作り方のポイント
・ 角は丸くカットする。

■ 作り方
① ピーシングをしてトップと裏打ち布をまとめる。
② 裏打ち布、キルト綿にトップを重ね、しつけをかけてキ
　 ルティングする。
③ 周囲をパイピングで始末する。

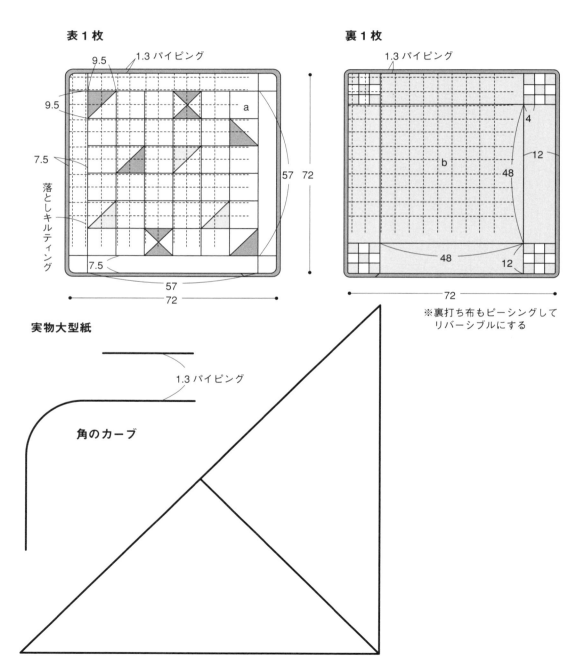

表1枚

1.3 パイピング
9.5
9.5
7.5
落としキルティング
7.5
a
57　72
57
72

裏1枚

1.3 パイピング
4
12
b
48
48
12
72

※裏打ち布もピーシングして
　リバーシブルにする

実物大型紙

1.3 パイピング

角のカーブ

■ **材料**
ピーシング、パイピング用布各種
キルト綿、裏打ち布各115×95cm

■ **作り方**
① ピーシングをしてトップをまとめる。
② 裏打ち布、キルト綿にトップを重ね、しつけをかけてキルティングする。
③ 周囲をパイピングで始末する。

■ **作り方のポイント**
• パイピングは中のピーシングの布や好きな布を縫い合わせてバイヤステープを作る。

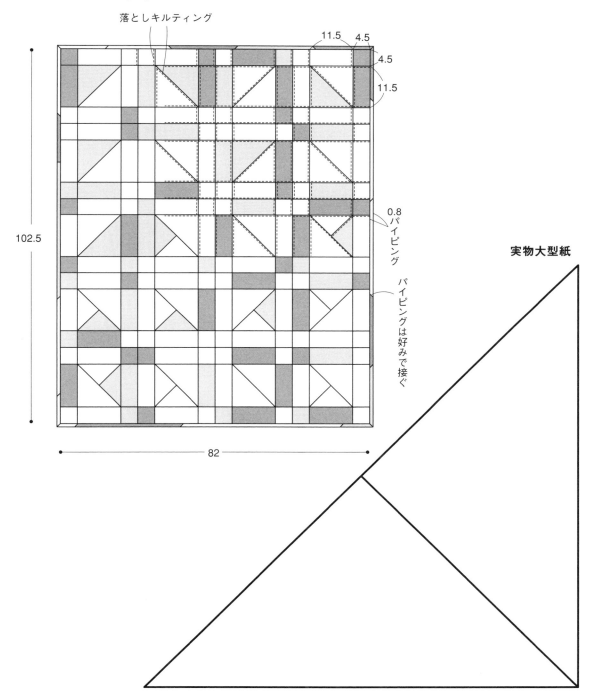

落としキルティング

11.5　4.5

4.5

11.5

102.5

0.8
パイピング

パイピングは好みで接ぐ

82

実物大型紙

■ 材料

ピーシング用布各種
黒無地布（パイピング分含む）100×110cm
キルト綿、裏打ち布各110×80cm　25番刺繍糸適宜

■ 作り方のポイント

・ 刺繍糸で縫い止めるときは、裏打ち布まですくって結ぶ。

■ 作り方

① ピーシングをしてトップをまとめる。
② 裏打ち布、キルト綿にトップを重ね、しつけをかけてキ
　 ルティングし、刺繍糸で縫い止める。
③ 周囲をパイピングで始末する。

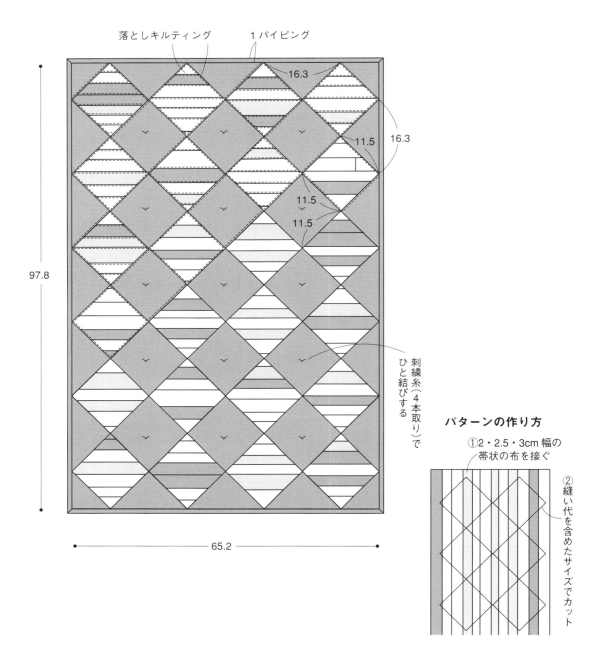

落としキルティング　　1 パイピング

16.3

16.3

11.5

11.5

11.5

97.8

65.2

刺繍糸（4本取り）で
ひと結びする

パターンの作り方

①2・2.5・3cm 幅の
帯状の布を接ぐ

②縫い代を含めたサイズでカット

■ 材料
ピーシング、パイピング用布各種
生成り無地布105×105cm
キルト綿、裏打ち布各115×85cm

■ 作り方のポイント
• パイピングは中のピーシングの布を縫い合わせてバイヤ
　ステープを作る。

■ 作り方
① ピーシングをしてトップをまとめる。
② 裏打ち布、キルト綿にトップを重ね、しつけをかけてキ
　ルティングする。
③ 周囲をパイピングで始末する。

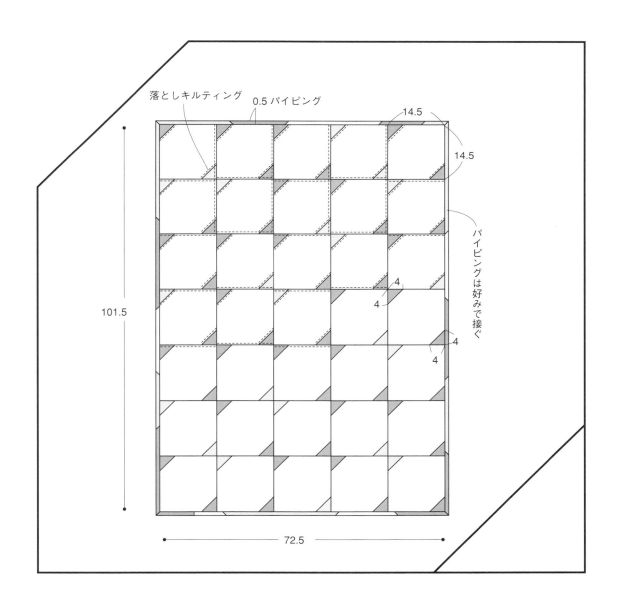

落としキルティング　　0.5 パイピング

14.5

14.5

パイピングは好みで接ぐ

4
4

4
4

101.5

72.5

出来上がり寸法　A76×76cm　B75×75cm　C・D60×60cm

■ 材料

A a用布 60×95cm　b用布 75×90cm
B a用布 55×110cm　b用布 40×110cm
C a用布 50×100cm　b用布 50×80cm
D a用布 40×60cm　b用布 50×75cm

■ 作り方

① ピーシングをして本体前をまとめる。本体後ろは一枚布。
② 本体前と後ろを中表に合わせ、返し口を残して縫う。
③ 表に返して返し口をとじる。

A本体前1枚　本体後ろ1枚

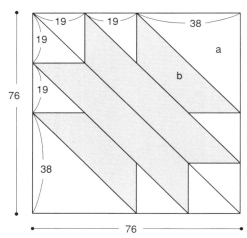

※本体後ろはピーシングしない一枚布

B本体前1枚　本体後ろ1枚

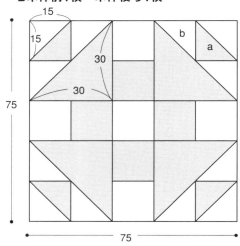

※本体後ろはピーシングしない一枚布

C本体前1枚　本体後ろ1枚

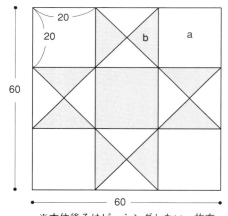

※本体後ろはピーシングしない一枚布

D本体前1枚　本体後ろ1枚

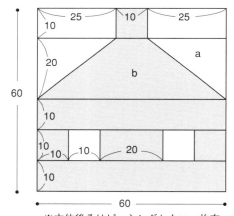

※本体後ろはピーシングしない一枚布

作り方

本体前と後ろを中表に
合わせて縫う

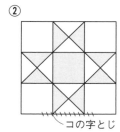

コの字とじ
表に返して返し口をとじる

124

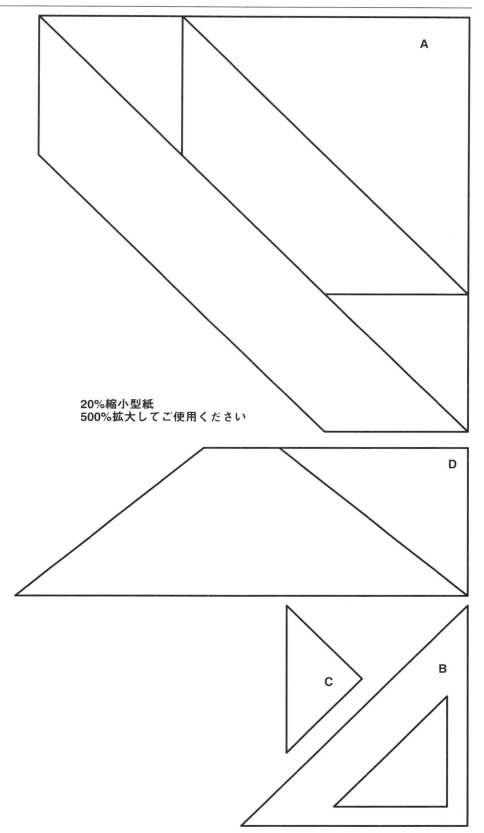

20%縮小型紙
500%拡大してご使用ください

◿ P.50,51 クロス

出来上がり寸法　A64×64cm　B60×60cm　C72×72cm　D108×108cm

■ 材料
A　ピーシング用布6種各適宜　a用布40×75cm
B　ピーシング用布3種各30×70cm
C　a用布80×80cm　b用布65×65cm
D　ピーシング用布各適宜

■ 作り方のポイント
• 縫い代は54ページの折り伏せ縫いで始末する。周囲の縫い代は三つ折りする。

■ 作り方
① 縫い代を折り伏せ縫いしながらピーシングをする。
② 周囲の縫い代を三つ折りして始末する。

A本体1枚

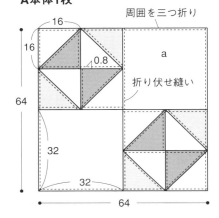

B本体1枚

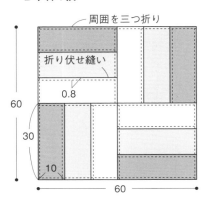

C本体1枚

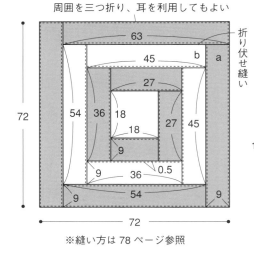

※縫い方は78ページ参照

D本体1枚

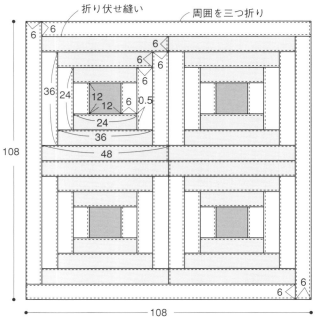

126

■ 材料

ピーシング用布6種各適宜
キルト綿、裏打ち布各140×110cm
4cm幅バイヤステープ480cm（作る場合は布110×80cm）

■ 作り方のポイント

・ キルティングは色糸で刺すとよい。

■ 作り方

① ピーシングをしてトップをまとめる。
② 裏打ち布、キルト綿にトップを重ね、しつけをかけてキルティングする。
③ 周囲をパイピングで始末する。

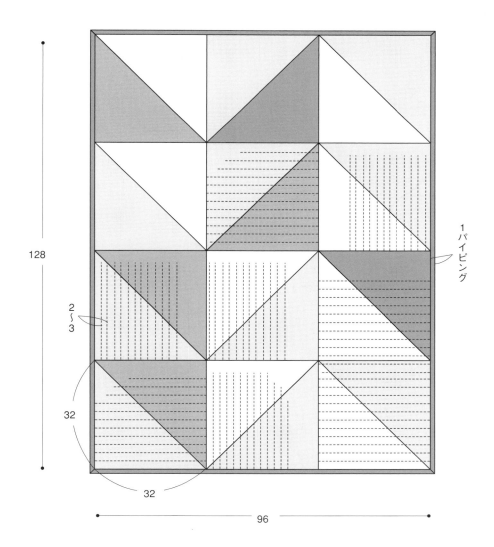

128

2〜3

32

32

96

1 パイピング

PROFILE

Sankaku Quilt

グラフィックデザイナーの橘川幹子とバッグデザイナーの本城能子によるユニット。外国の映画に出てくる女の子の部屋にあるような、日常のシンプルなキルトがメイン。パターンを縫うワークショップを開催している。
Instagram：@sankakuquilt

pot and tea　松井翠

家庭科の講師、アパレルメーカーのパタンナー職を経て、2013年より「pot and tea（ポットアンドティー）」を始める。クラフトの雰囲気を感じられるアイテムを制作。全国各地で販売会を開催している。著書に『ミシンときどき手仕事の、楽しいワンピース』（文化出版局）。
http://potandtea.katalok.ooo/ja
Instagram：@potteapot

松本祥子

文化女子大学卒業。アパレルの生産管理や販売などを経て、独学でパッチワーク・キルト制作をスタート。シャツなどの洋服の生地などを使った、メンズライクなパッチワーク・キルト作りが特徴。作品ごとに、パターンやステッチ、色、素材、テーマを変えて制作を楽しんでいる。
Instagram：@shoshomtmt

mornquilt　伊佐治栄里

武蔵野美術大学卒業。CM・映画などの美術造形制作会社勤務などを経て、2015年からmornquilt（モーンキルト）をスタート。そのときの気分や素材の大きさによって、布を切ったり継ぎ足したり、いろいろな色や模様の布を組み合わせてパッチワーク・キルトを制作している。形式にとらわれず、自由に作った作品が人気。
Instagram：@mornquilt

山本さくら

パッチワーク・キルト関係の仕事から制作を始める。シンプルなトラディショナルキルトやアフロ・アメリカンキルトに憧れる。

STAFF

撮影　松元絵里子
デザイン　橘川幹子
作図　大島幸
編集　赤木真弓　恵中綾子（グラフィック社）

素材協力

クロバー株式会社
〒537-0025　大阪府大阪市東成区中道3-15-5
tel.06-6978-2277（お客様係）
https://clover.co.jp

かわいいパッチワークとキルト
シンプルに作って楽しく使える 暮らしの小物とバッグ

2021年9月25日　初版第1刷発行

編　者：グラフィック社編集部
発行者：長瀬　聡
発行所：株式会社グラフィック社
　　　　〒102-0073
　　　　東京都千代田区九段北1-14-17
　　　　tel.03-3263-4318（代表）
　　　　　　03-3263-4579（編集）
　　　　fax.03-3263-5297
　　　　郵便振替　00130-6-114345
　　　　http://www.graphicsha.co.jp

印刷・製本：図書印刷株式会社